本书系国家自然科学基金项目"西部民族地区企业包容性氛围营造及其对员工绩效的影响机制研究——以甘肃省临夏回族自治州为例"（71662027）成果。

西部地区"一带一路"建设与创新发展系列丛书

张永丽 主编

领导风格、组织态度与员工离职意向

—— 以IT企业为例

李承晋 ○ 著

中国社会科学出版社

图书在版编目（CIP）数据

领导风格、组织态度与员工离职意向：以 IT 企业为例/李承晋著 . —北京：
中国社会科学出版社，2021. 8

（西部地区"一带一路"建设与创新发展系列丛书）

ISBN 978 - 7 - 5203 - 8671 - 5

Ⅰ. ①领⋯　Ⅱ. ①李⋯　Ⅲ. ①IT 产业—企业管理—人力资源管理—研究
Ⅳ. ①F49

中国版本图书馆 CIP 数据核字（2021）第 125581 号

出　版　人	赵剑英
责任编辑	马　明　孙砚文
责任校对	王佳萌
责任印制	王　超

出　　　版	中国社会科学出版社
社　　　址	北京鼓楼西大街甲 158 号
邮　　　编	100720
网　　　址	http://www.csspw.cn
发 行 部	010 - 84083685
门 市 部	010 - 84029450
经　　　销	新华书店及其他书店

印　　　刷	北京明恒达印务有限公司
装　　　订	廊坊市广阳区广增装订厂
版　　　次	2021 年 8 月第 1 版
印　　　次	2021 年 8 月第 1 次印刷

开　　　本	710 × 1000　1/16
印　　　张	12. 25
插　　　页	2
字　　　数	201 千字
定　　　价	68. 00 元

凡购买中国社会科学出版社图书，如有质量问题请与本社营销中心联系调换
电话:010 - 84083683

《西部地区"一带一路"建设与创新发展系列丛书》

编　委　会

主　编：张永丽

副主编：关爱萍

编　委：张学鹏　柳建平　周文杰　王桢

马文静　李承晋

总　序

改革开放以来，中国用 40 年的时间不仅解决了人民温饱问题，而且人民生活总体上达到小康水平的目标也将在 2020 年全面实现，中国即将进入为全面建设社会主义现代化国家的第三个目标而努力奋斗的崭新历史阶段。与分三步走战略并行、旨在解决中国区域发展不平衡问题的西部大开发战略 2000 年正式开始实施，从组织机构的成立，到西部大开发"十一五"规划、"十二五"规划的出台，再到 2019 年《西部陆海新通道总体规划》的颁布，国家出台了一系列鼓励西部地区发展的政策措施。这些政策措施大大激发了西部地区发展潜力，使区域内经济、社会、文化等各方面发生了巨大变化，经济发展水平与全国的差距有所缩小，但受自然、历史、社会等因素的制约，西部地区经济发展相对落后的局面并未彻底改变，占全国国土面积超过 70%、人口接近 30% 的西部地区，国内生产总值仅占全国的不到 20%，人均国内生产总值只占全国平均水平的三分之二左右，区域发展不平衡问题仍然较为突出。西部地区自然资源丰富，市场潜力巨大，战略位置重要，如何更好地实现西部地区经济发展和社会进步，缩小与东中部地区的差距，化解区域发展不平衡的矛盾，既是中国实现第三阶段战略目标必须解决的重大课题，也是全面建设社会主义现代化国家的内在要求。

开放和创新将成为未来中国经济发展的两大重点路径。

"一带一路"倡议为中国对外开放格局的调整描绘了一幅新的蓝图。西部地区陆地边境线占全国的 80% 左右，古丝绸之路途经的国内省份主要在陕西、甘肃、新疆等西部地区，建设"一带一路"为西部地区带来了新的发展机遇。近年来，作为中国重点建设省区的西北五省区，通过与中西亚、中东欧、南亚、东南亚等"一带一路"沿线国家开展深入合作，积极融入"一带一路"建设，对外开放步伐进一步加快；西部地区企业的国际化经营合作也迎来了良好的机遇，呈现出良好的发展势头，基础设施、贸易、金融、能源等领域的一系列重大项目陆续实施，企业"走出去"的热情日益高涨，对外投资规模保持增长态势。

创新驱动战略的实施为中国经济发展增添了新的动力。党的十九大提出，要"加快建设创新型国家"，"大力实施创新驱动发展战略"。习近平总书记强调，"要深入实施创新驱动战略，推动科技创新、产业创新、企业创新、市场创新、产品创新、业态创新、管理创新等"。在国家战略的指引下，中国出台了一系列鼓励企业创新的政策措施，产生了积极的效果。不少企业通过组织结构与管理机制创新，加快向扁平化、平台化的创新型组织转型，极大地释放了企业内部的创新活力，催生了大量新技术、新产品、新业态和新模式。西部地区在国家创新型战略引领下，也正在积极参与技术、产品、制度等领域的创新，参与创新型社会建设，谋求以创新为核心实现经济发展方式的转型。

开放和创新的西部地区，既需要充分利用"一带一路"提供的与沿线国际开展经济合作的历史机遇，大力发展对外贸易，提高对外开放水平，通过强化对外经济合作推动经济增长；也需要在供给侧结构性改革的大背景下，通过人口和劳动力流动，积极承接产业转移，调整区域产业结构，从而缩小区域差距；既需要通过精准扶贫、精准脱贫，正确处理消除贫困与区域发展的关系，在实现贫困人口脱贫摘帽、与全国同步进入小康社会的同时，促进区域经济发展水平的提升；也需要大力发展外向型企业和创新型企业，提升企业管理水平和创新能力，助推西部地区经济向外向型、创新型经济过渡，实现区域的高质量发展。

这套丛书由七部著作构成，分别研究了"一带一路"建设背景下中国西北地区与中亚五国产业互补及合作，劳动力流动、产业转移与区域发展差距，西部地区精准扶贫政策与实践，西北地区外向型中小企业管理，中国 IT 行业员工的组织相关态度对离职倾向的影响等热点问题，通过对"一带一路"建设背景下西部地区产业、贸易、扶贫、中小企业管理等问题的实证分析，提出了一系列切实有效地政策建议和措施，以期为提高西部地区经济发展水平、缩小区域差距提供政策参考。

当前，中国经济发展已由高速增长阶段转向高质量发展阶段，党的十九大已经从"深化供给侧结构性改革、加快建设创新型国家、实施区域协调发展战略、加快完善社会主义市场经济体制、推动形成全面开放新格局"等方面进行了全面部署。西部各省区应该紧紧围绕这些战略部署，积极探索，主动作为，全方位推进开放和创新，为全面建设社会主义现代化国家贡献力量。

张永丽

2020 年 5 月

目　　录

第一章

导　论

与中国 IT 产业的急速发展相对应的是 IT 人才需求量的大幅上升。根据前瞻产业研究院 2017 年 IT 行业产业现状分析报告显示，中国每年的 IT 产业市场人才缺口约 100 万人。与中国 IT 产业人才需求激增现状相反的是 IT 企业员工居高不下的离职率。中国 IT 行业的人才离职率（25.00%）要比其他行业离职率（22.59%）高。

目前，中国 IT 产业发展面临的最大问题可以概括为：核心技术不足、缺少自主知识产权、人才流失，其中防止人才流失是中国 IT 产业所面临的最亟须解决的问题。这些问题说明，中国 IT 产业技术开发人才频繁的离职行为不仅影响 IT 企业自身的发展，而且影响到了中国整个 IT 产业的整体发展。

对于离职的主要原因，学者达成共识的有：工作职责的纠纷、所承担的业务量、工作倦怠、工作的主要动力薪酬水平和职业的稳定性等。但是，考虑到 IT 产业的工作环境大部分相似，薪酬、工作环境及工作条件等也相似的情况下还出现如此高的离职率时，有必要研究对离职意向有影响的其他原因，如领导力等。关于中国企业的领导力与组织相关变量之间的关系，企业文化与组织相关变量之间的关联性，只有少数研究者进行了研究。为了寻求解决相对于中国 IT 产业的急速发展居高不下的离职率的方法，有必要对中国 IT 企业的经营管理形式进行系统的、深入的调查，但是，实际情况却是目前对中国 IT 产业对领导力与组织相关变量间的关系研究非常缺乏。

通过相关文献研究，我们可以把现有的中国企业的领导力与组织相关变量间的关联性研究直接套用到 IT 产业进行研究，但是，反映中国 IT

产业员工特性，验证变量间的关联性时，可以得到更加符合实际情况的研究结果。同时，中国地域广阔，地域间的发展水平不均衡导致调查难度高、所需时间长，还有可能出现较大的数据误差。所以，本书综合考虑人口密度、地域经济、文化水平和改革开放程度等因素，把中国 IT 企业员工根据文化差异的出生地域分为东北部和东南部两类，并研究其对组织管理领域的变量及离职意向有何不同。

第一节　研究背景

中国经济正在由过去的劳动密集型、高能耗产业结构转向高附加值发达国家产业结构。中国政府为了产业结构的调整及尖端化，最近开始缩减产能过剩企业，并大力培养文化创意产业和传统制造业的融合，如绿色环保、节能、IT 产业等新兴产业，特别是以较低的人力成本和丰富的资源，居于世界最大 IT 生产国地位。韩国 KB 金融控股经营研究所 2013 研究报告指出，2012 年中国 IT 制造产业的生产规模为 8.46 兆元（约 1275 兆韩元），分别占据着全世界电脑、手机、TV 的出货量（2011年基准）的 90.6%、70.6%、48.8%。IDC 在其最新发布的《中国制造业 IT 应用市场预测与分析，2020－2024》报告中显示，2019 年，ERP、PLM 和 CRM 是中国制造业 IT 应用市场前三大投资领域，MES 市场整体体量较小，5 年复合增长率为 8.4%。这从侧面也可以看出，目前制造业 ICT 市场更侧重于 IT 投资。另外根据 IDC 此前发布的《IDC 2020 年制造业 IT 支出指南》数据，2019 年中国制造业 IT 支出达 158.7 亿美元，其中，航天航空与防务、汽车、化工是制造业细分行业中 IT 支出的前三大行业。[1] 中国 IT 生产采取的是以进口零部件组装出口的加工贸易形式，在世界 IT 产业价值链中起到生产基地的作用。[2]

关于对组织管理者领导力的影响研究，在过去 50 年间备受瞩目。组

---

[1] 《IDC：预测 2024 年中国制造业 IT 应用市场规模将达到 103.9 亿美元》，新浪财经，访问时期：2021 年 5 月 3 日，http://finance.sina.com.cn/stock/hkstock/ggscyd/2020－11－09/doc－iiznezxs0832596.shtml。

[2] 金洪泰：《中国 IT 产业的兴起与影响》，韩国 KB 金融控股经营研究所，2013 年，第 13—124 号，第 1—5 页。

织领导通过与下属的相互作用直接影响组织成员的行为，同时领导对组织文化的影响也会间接影响组织成员的行为。从这个方面定义的领导力是：行使自己的影响力，让别人理解和同意该干什么、怎么做才更有效；为达成共同目标、促进个人及团队努力的过程。① 当然，学术界对领导力提出了若干类型，与此同时，关于领导力类型单独或通过心理激励为媒介对离职意向产生影响的研究也非常活跃。

对中国企业的领导力和组织相关变量间的关联性验证研究的学者有金基泰等、② 徐文桥和崔明哲、③ 李道华等④研究人员。为了寻求解决相对于中国 IT 产业的急速发展居高不下的离职率的方法，有必要对中国 IT 企业的经营管理形式进行系统的、深入的调查。但实际情况却是目前对中国 IT 产业对领导力与组织相关变量间的关系进行的研究是非常缺乏的。可以把现有的中国企业的领导力与组织相关变量间的相关性研究直接套用到 IT 产业进行说明。但是，产业的性质不同，相应的领导力与工作满意度、组织承诺等变量间关系是线性验证的，具有局限性。同时，没有考虑到产业内具有离职意向主体的员工特性，因此，有必要验证领导力影响离职意向的过程中影响组织管理领域的多种变量间的相关性。还有反映中国 IT 产业员工特性、验证变量间的关联性时可以得到更加符合实际的研究结果。

IT 企业居高不下的离职率是由多方面的因素导致的。IT 企业的员工具有高学历、年轻化等特点，员工年轻气盛、急于实现自我价值的思想特点促使其偏好不断地更换工作；信息技术的行业特性给员工造成了很大的工作强度和工作压力；通畅的信息沟通使各企业人员之间更容易地传递薪酬待遇等信息。频繁的人员流动给企业造成的后果是十分严峻的：员工离职最直接的后果就是影响项目的进展，随之可能形成团队人心不

---

① Yukl, G., *Leadership in Organizations*, N. J.：Prentice Hall, 2003.

② 金基泰、赵贞贞、李荣珍：《关于领导力、组织承诺、离职意向关系的研究——中国山东省商业银行工作人员为对象》，《韩中社会科学研究》2013 年第 26 卷第 1 期，第 345—374 页。

③ 徐文桥、崔明哲：《中国领导力的新典范：超级领导力对员工的赋权与组织承诺产生的影响》，《现代中国研究》2012 年第 14 卷第 1 期，第 157—192 页。

④ 李道华、魏效外、李宗法、朴恩哲：《命令型领导与结果变量之间的关系上权利差距的调整效果－韩国与中国劳动者的比较研究》，《人力资源管理研究》2011 年第 18 卷第 4 期，第 47—67 页。

稳，更甚者使企业的关键技术流失、客户满意度降低。到底哪些因素影响了 IT 员工的离职意向，如何从广泛的因素中找出主要因素，并通过分析这些因素采取有效措施，降低员工离职意愿，从而减少离职行为，保证企业的有序可持续发展，这是 IT 企业面临的紧迫问题。本书的研究也就是在这样一个现实背景下进行的。

第二节　研究目的

本研究选取在北京市工作、出生于 1980 年以后，来自黑龙江、辽宁、河北、山东、安徽、重庆等全国多个省区市的 IT 行业员工为研究对象。对管理者认知的变革型领导力及交易型领导力的有效性进行验证研究。通过领导力类型与影响离职意向的组织管理领域变量，组织满意度、组织承诺、组织公民行为之间的关系，验证影响离职意向的关联性研究，有望为中国 IT 产业提供重要的启示。为达成研究目的，提出的具体研究目标如下。

第一，验证员工的组织满意度、组织承诺和组织公民行为对中国 IT 企业员工的离职意向的影响。通过实证分析验证直接影响员工离职意向的因素，以及组织满意度、组织承诺、组织公民行为等变量有没有影响离职意向，同时分析前期研究结果是否适用于中国 IT 企业员工。

第二，验证中国 IT 企业员工认知中的管理者领导力类型对组织满意度、组织承诺、组织公民行为等的影响。把中国 IT 企业员工认知中的管理者领导力分为变革型领导和交易型领导，验证这些领导力类型对组织员工的态度、组织满意度、组织承诺还有组织公民行为有什么样的影响。并对中国 IT 企业员工的组织满意度、组织承诺、组织公民行为变量间的影响进行验证。以政治、经济、社会、文化特性对组织的满足或组织投入，以及组织公民行为不向同一方向产生影响为前提，分析中国 IT 企业员工的组织满意度、组织承诺、组织公民行为等对组织的成员态度变量影响关系是如何显示的，这是非常有意义的研究。

第三，把 IT 企业员工根据有文化差异的出生地域分为东北部和东南部两类，并验证其对管理者的认知领导力类型和组织满意、组织承诺、组织公民行为及离职意向间的影响表现上有何不同。通过这些验证IT 产业离职管理中领导力的有效性，并提供学术性及务实性启示。

第四，在理论的基础上，分别对北京、深圳、杭州 IT 公司员工离职原因提出管理对策。

第三节　研究内容及方法

一　研究内容

本书根据研究问题和研究范围，具体研究内容如下。

（1）分析中国 IT 企业员工认知中的管理者领导力类型对组织满意度、组织承诺、组织公民行为等变量的影响。

（2）分析中国 IT 企业员工对组织满意度、组织承诺、组织公民行为等变量的影响。

（3）分析员工的组织满意度、组织承诺、组织公民行为等变量对中国 IT 企业员工的离职意向有何影响。

（4）把 IT 企业员工根据社会及文化差异的出生地域分为东北部和东南部两部分后，验证其认知中的管理者领导力类型对工作满意度、组织承诺、组织公民行为及离职意向变量之间的影响表现有何不同。

二　研究方法

本书研究从现有的理论体系出发提出假设，通过对假设的观察、实验、资料分析等方法进行验证后得出结论的演绎法实现研究目的。对此，本书根据科学研究方法论，使用了可以互补的理论研究和实证研究两种方法。

本书所需资料都是通过调查问卷收集到的，为了得到可信度高的答卷，问卷提前经过专家对问项的恰当性和理解程度等的评价和修改。通过在线调查公司，采取自填式问卷调查方法，问卷结构由领导力类型（交易型领导和变革型领导）、组织关联态度（工作满意度、情感承诺、持续承诺、组织公民行为）、离职意向、人口统计性等问题组成，以与此相关的前期研究为依据重组。问卷为直接自填式问卷，调查人员把调查目的做详细说明后再答卷。问卷调查过程以提前设定的 IT 企业工作成员为随机取样对象，以问卷里的指定条件为基础，采用了答卷人自填法。

同时使用了封闭式问卷，封闭式问卷是提前设定并提示答卷人有可能回答的答案，由答卷人从内容中选择的方式，答案具有标准化易于比较、结果符号化容易分析、降低了应答的不正确率等优点，这对问卷调查方法有着很重要的意义。为验证本书研究的模型，选取在北京市工作、出生于 1980 年以后，来自黑龙江、辽宁、河北、山东、安徽、重庆等全国多个省区市的 IT 行业员工为研究对象。发放 560 份问卷，除去不诚实应答者最终共采纳了 520 份以调查问卷为基础的资料，使用 SPSS 21.0 分析软件和 AMOS 21.0 进行分析。分析统计方法有：描述性统计分析、频率分析、因子分析、可靠性分析、验证性因子分析、共变量结构分析。

用于本书研究的统计分析方法具体内容如下。

第一，通过可靠性分析辨别问卷问题的结构概念所使用的测试变量对现象的测量是否有连贯性，求得显示测试问题内在连贯性的 Cronbach's α 系数。

第二，通过因子分析掌握代表结构概念的各项目内变量间的相关关系，适用于凸出结构概念的测试变量和确保可行性。

第三，为了验证各部分研究变量间的因果关系，使用了验证性因素分析和路径分析等共变量结构分析。

第四，为了研究调查对象的特性，使用了频率分析（frequency analysis）。

本书整体研究章节如下。

第一章为导论，阐述研究背景、研究目的、研究内容及方法等。

第二章主要是 IT 企业的概述，其中包括 IT 企业的界定、中国 IT 企业的现状、中国 IT 企业的发展战略和中国 IT 企业存在的问题。

第三章主要是理论基础及概念界定，阐述了变革型及交易型领导、工作满意度、组织承诺、组织公民行为、离职意向等，用于凸显研究模型和研究假设的根据。

第四章主要是 IT 企业员工离职意向模型构建，阐述模型构建及研究假设、调查设计与实施、变量界定与测量等内容。

第五章主要是 IT 企业员工离职意向的模型检验。主要通过技术统计分析、独立样本 T 检验、可信度分析、原因分析、相关分析、验证性因素分析、共变量结构分析，并阐述了研究假设的验证和讨论，假设验证结果的汇总。主要研究内容为调查对象的基本情况、领导风格的影响、南北文化情境差异的作用以及员工的组织相关态度的相关研究。

第六章为结论，提出了研究汇总、研究战略启示点、研究局限性及以后的研究展望。

第二章

IT 企业概述

IT 的英文是 Information Technology，即信息技术（也称计算机科学和通信技术），主要用来设计、开发、安装和实施信息系统及应用软件。

根据美国商务部的定义，IT 业可划分为生产业和使用业。IT 生产业主要指计算机硬件业、通信设备业、计算机及通信服务业、软件业。IT 使用业涉及的行业范围很广，在使用信息技术方面服务业所占比例更大。中国 IT 产业包括电子信息产品的制造、信息技术服务的推广应用、软件开发等。随着政府的引导和国内科技的发展，中国已形成了较为完整的信息产业生产体系。

第一节 IT 企业的界定

一 IT 行业的特点

根据 IT 市场分析报告显示，IT 行业有很多特征，包括强逻辑思维、相关技术更新与迭代快、团队合作性要求高、竞争对手不可预测、隐性知识多等特点。

正是由于这些旗帜鲜明的特点，使得 IT 行业竞争激烈，市场风云变幻，技术迭代和产品服务升级迅速。目前，中国从事信息技术相关研究和应用的企业有 35000 多家，包括一些外企、新兴的网络服务公司、信息科技公司、软件服务公司等，还有许多传统行业试水 IT 企业。此外，IT 技术发展迅速，其应用遍布社会各个角落，导致客户需求多样化，甚至对实现过程和技术手段也有了更加严格的要求，甚至频繁修改需求也成了一件常事，这些都导致 IT 公司的业务充满挑战和多变性。为了保证信息技术产品和解决方案得到一个相对完美的实现，客户与企业必须保持充分有效的沟通，从定制需求到最终交接都需要双方全程参与。这就对 IT 企业有了较高要求，企业不仅要提供技术实现，还要帮助客户厘清实现思路、与客户共同提取和挖掘关键内容、对客户的需求有全面的认识。

同时，这些特点导致 IT 企业的组织结构和业务流程不断调整。由于技术的飞速发展和市场的迅速变化，传统的组织结构受到新的挑战，因而导致 IT 企业纷纷调整自己的组织架构，力图重塑组织，这其中又主要包含知识管理系统化、组织架构扁平化、部门分工专业化等方面。同时，为了更快速地适应新变化、更好地满足客户需求、更高质有效地提供解决方案，IT 企业也开始转变业务流程模式，摒弃传统的瀑布式，转而采用对象化的、递进式的业务流程。这意味着企业已经不再像传统那样仅仅关注客户的原始需求，而是在开发工程中主动关注和挖掘新需求，以此达到与客户充分交流，从而提供更高质量的服务。

二　IT 行业的工作特性

与其他行业相比，从事信息技术工作的人员工作时间较长，工作压力大，IT 工作人员在工作时间之外加班是常事。在信息技术领域，技术迭代非常迅速，时刻都有新技术和新应用出现。员工要想经得住考验不被淘汰，必须不断学习新知识，掌握新技术，这不可避免地给他们带来无形的压力。由于 IT 行业良好的发展势头，每年都有大量的大学毕业生加入 IT 行业。他们掌握最新技术，年轻，精力充沛。他们的加入也会给企业的老员工带来紧迫感。IT 行业本身是一门知识密集型产业，其工作依托于知识，要求有强烈的思维逻辑，为了跟上工作的进度，每天都会分配相应的任务，这使得员工总想着尽快完成。企业很难对员工的工作过程进行控制与监督，IT 人员在工作内容方面具有较强的创造性。在不断变化的环境下，他们充分利用自己的灵感和思维来应对各种可能的情况，促进方法创新和技术进步，使产品和服务不断更新。由于他们主要靠脑力劳动，这使其工作流程变得非线性，管理者很难对其进行监控。IT 人员的职业忠诚度远远超过组织忠诚，他们通过脑力劳动给企业创造价值，这使他们在就业方面有更高的选择权。如果他们对当前工作环境不满，觉得发展受到限制，他们会选择离开组织。因此，相比于组织承诺，IT 人员更重视他们的职业发展，这导致了 IT 行业人才的高流动性。

三 IT 企业的人才特点

要想合理地分析 IT 员工的离职影响因素，使得本次研究更加准确，必须深入了解 IT 企业的人才特点。

IT 企业的人才主要是受过高等教育的年轻知识型员工。"知识型员工"是彼得·费迪南德·德鲁克（Peter Ferdinand Drucker）提出的，他是一位被称为"现代管理之父"的美国学者。它具体指的是掌握和使用特定符号和概念来完成知识或信息工作的人。与普通员工不同，知识型员工的本质特征是他们以知识资本为生产资料，也就是说他们是知识所有者。当代知识型员工的特点是：具有良好的个人素质、较高的学历水平和高技术水平。知识型员工群体充满活力。不同于装配线上被动适应设备操作的操作员，知识型员工往往在一个相对自主的环境中工作，他们不仅不愿受到物质限制，而且还强调工作中的自我指导。他们可以充分利用个人灵感和智慧，在不确定和多变的系统中处理各种事件，在完成任务的基础上促进技术进步，而不是简单的机械工作。

大多数 IT 人才是 25—40 岁的年轻人，具有良好的教育背景，充沛的精力和热情。他们不仅是知识型员工，也是学习型员工。为了跟上不断发展的专业技术，他们必须不断学习并更新自己的知识和技能，专注于实现自我价值。与普通员工相比，知识型员工追求更高层次的需求，注重实现自我社会价值，并渴望得到单位或社会的认可。其并不满足于完成简单的一般事务，而是像完美主义者一样努力使工作尽可能完美。因此其更喜欢开展具有挑战性的工作，以最大化其自我价值。IT 专业人员有时对挑战工作充满热情。他们认为克服困难是体现自我价值的一种方式。他们希望得到社会的认可和尊重，并关注组织和社会的评价。具有合作精神，追求和谐高效的团队合作。该行业的特点使 IT 员工认识到，为了完成工作任务、实现共同目标，必须高度重视团队合作。

2006 年东方标准人才服务有限公司与华南师范大学人才测评研究所对中国 500 多家 IT 企业进行了深入调查，并将结果写入《中国 IT 从业人员心理特征研究报告》。该报告显示，沟通和团队合作能力在 IT 专业人员的 12 个核心专业素质中排名首位。团队合作的前提是明确工作目标，如果员工对团队的目标和方向认识模糊，就很难彻头彻尾地理解他们自身的工作任务和导向，最终导致难以高效率高质量地完成任务。

因此，与其他行业的员工不同，团队精神是 IT 人才的一个突出特点。

第二节　中国 IT 企业的现状

一　全国性 IT 企业的现状

目前，中国 IT 产业主要包括电子信息类产品制造、软件研发、信息技术服务的推广和应用等。经过改革开放和快速发展，目前中国的信息产业形成了比较完整的工业生产体系。全国电子工业总产值排名世界第四，主要电子产品已形成规模化生产，其中音响设备、彩电、电话机、收音机、音响设备、彩管、VCD 及部分基本元件的生产规模居世界第一。

但是相比于欧美以及后起之秀的日本、韩国 IT 企业，中国 IT 制造业还处于产业的下游。中国许多从事加工、装配的 IT 企业深受价格战、高额专利费等问题的困扰。同时，随着世界上其他不发达地域的开发，中国 IT 制造业原来具有的劳动力和资源便宜优势也面临着越来越激烈的竞争。与 IT 产业紧密相关的中国电信业也获得了飞速发展。从 1989 年到 1999 年业务总量增长了 35 倍，年平均增长率为 43%，为同期 GDP 增幅的 4 倍以上。同期公用电信网的总资产增长了大约 35 倍，以每年 43% 的速度在增长。中国已初步建成了 8 纵 8 横的光缆传输骨干网和大部分本地光缆网。通信网完成了从人工向自动，从模拟向数字，从单一业务向多样化业务的转变。整个通信网的技术水平有了显著提高。公用电话网的规模扩大了 15 倍，十年间电话普及率由 1% 提高到 13%。截至目前，中国已建成全球规模最大的固定和移动通信网络，全国行政村 98% 通光纤、4G 网络覆盖率 98%、建成 5G 基站超 70 万个、5G 用户占全球 85%。移动通信技术实现了从 2G 空白、3G 跟随、4G 并跑到 5G 引领的重大突破。

从 2020 年中国 IT 运维管理行业市场现状及发展前景研究报告可以看出，2020 年上半年，全行业信息技术服务实现收入 21583 亿元（在全行业收入中占比为 60.6%），同比增长 9.5%，在四个细分领域中增速最高，但仍较 2019 年同期回落 8.9 个百分点。其中，电子商务平台技术服务收入 3507 亿元，同比增长 14.6%，但增幅较 2019 年同期回落 8.0 个百分点；大数据服务收入 979 亿元，同比增长 9.1%；集成电路设计收入 964 亿元，同比增长 12.8%；云服务收入 884 亿元，同比下降 0.7%。（见图 2—1）

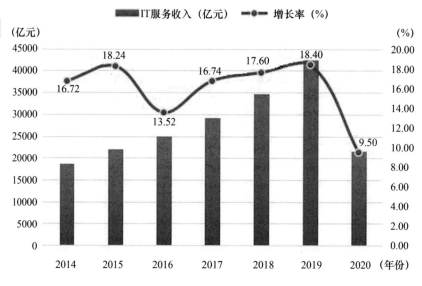

图 2—1 2014—2020 年中国 IT 服务收入统计[①]

数据来源：中商产业研究院 。

随着云计算、移动互联网等领域不断推陈出新，新技术得到推广应用，全球 IT 服务技术和市场都创造出新的发展空间，新模式、新业态、新概念的持续涌现，驱动全球 IT 服务产业和市场迅速发展（见图 2—2）。

2019 年中国（深圳）举办的 IT 领袖峰会《2018 年中国 IT 发展报告》中指出，当前正在加速进入以 IT 技术为基础的数字经济时代，以工业互联网为代表，新一代信息技术持续向实体经济领域融合渗透，新一轮科技和产业革命加速兴起，产生出全新的技术和产业生态。IT 产业成为驱动企业业务发展的新引擎、推动经济增长的新动能，中国 IT 产业正

---

① 《2020 年中国 IT 运维管理行业市场现状及发展前景研究报告》，信息化观察网，访问时间：2021 年 5 月 4 日，http：//www. infoobs. com/article/20200814/41335. html。

在进入由大变强的重要战略机遇期。

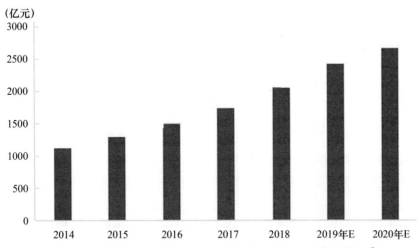

图 2—2 2014—2020 年中国 IT 运维服务市场规模增长趋势图①

数据来源：中商产业研究院。

报告显示，中国的 IT 产业发展指数（ITII）由 2014 年的 61.5 分提高到 2018 年的 76.3 分，由第二梯队末位提升至第二梯队中游水平，并于 2018 年首次超越英国和韩国，位列全球第四位。2018 年中国 IT 产业实现快速增长，结构持续优化，竞争力不断提升，技术创新成效突出，与经济社会融合不断加深，虽然产业环境更加复杂，但整体水平赶超多国，排名在国际先进行列中快速攀升。

随着互联网由消费领域向生产领域、由虚拟经济向实体经济深度拓展，中国 IT 产业融合应用纵深推进，产业融合方面提升最为显著，融合指数由 50.1 分升至 76.5 分，充分体现了中国 IT 产业强劲的赋能作用。当前，中国已经形成一大批工业互联网平台，基于工业互联网平台的一批解决方案和应用案例不断涌现，产业生态加速构建，大型企业积极参与工业互联网建设，工业大数据、工业 App 开发、边缘采集、智能网关等平台关键软硬件产业成为发展热点。

---

① 《2020 年中国 IT 运维管理行业市场现状及发展前景研究报告》，信息化观察网，访问时间：2021 年 5 月 4 日，http：//www.infoobs.com/article/20200814/41335.html。

展望未来，工业互联网与 5G 是各国面向未来的共同选择，工业互联网是 5G 落地应用的关键场景，"互联网＋"与"＋互联网"共同构造新型产业体系，政府的重要作用和市场的核心作用将得到更加充分的发挥，从消费互联网到工业互联网表明融合进一步深化。2019 年以来，中国 IT 产业一直继续保持稳中向好的总体态势，全方位推动中国实体经济高质量发展。

二　中国 IT 行业地域发展状况

（一）北京地区 IT 行业发展状况

近几年，北京的软件产业在政府鼓励自主创新的形势下，取得了长足的进步，软件产业的进步主要表现在以下几个方面：软件技术的应用范围不断扩大、IT 上市企业不断增多、大量具有自主知识产权的产品进入国际市场等。这些成就不仅促进了自主创新战略获得广泛认同，也使日新月异的北京软件产业受到全世界的瞩目。迄今为止，北京市的 IT 龙头企业仍在大展宏图中，其全国领先地位至今无人撼动。中关村成为全国创业族的聚集地主要是因其完善的基础设施和广阔的创新平台，与此同时，其所拥有的人力资源层次之高、密度之大、资源之丰富不仅使其成为中国风险投资最多的区域，也使得其产业业态和商业运营模式更加多样化。根据相关研究指出，导致北京软件产业规模迅速扩大、投资环境进一步完善的主要原因是中关村软件产业的迅猛发展。

北京计算机行业有两大特点。一是自主创新企业转变迅速。北京的软件产业受到政府鼓励及竞争环境的影响，因此正在由中国制造蜕变为中国创造。二是个性化企业的崛起。受产业标准化影响，个性化企业不断推出市场。在这两大特点影响与改变下，产业及产品的标准化导致的必然结果是部分消费者的需求无法满足，而个性化企业恰恰瞄准这一空白领域，通过使产品实例化、区域化从而达到企业长足发展的目的。

综上所述，近几年北京软件产业取得长足发展便是其具有巨大的优势和潜力的有力证据，中国 IT 产业实现了规模与效益的双增长离不开国内经济迅速发展和信息化普及的影响，反过来，其产业效益对于中国国民经济贡献所占的比重也越来越大。

（二）深圳地区IT行业发展状况

人才的特点决定了IT行业员工的离职原因会与其他行业有所不同。本书先是对有关IT行业员工特点进行简单的分析，再结合访谈报告，总结出该地区该行业人才的几种特征。

（1）年富力强。IT企业员工一般在30岁左右，年富力强，属于典型的知识型精英，综合素质高。这些知识型精英普遍具有较强的学习能力、心理素质与抗压能力。此外，他们需要经常参加培训或自我学习，通过网络等现代化工具，及时了解和掌握目前市场上最新的技术，使自己不被社会抛弃。

（2）重视社会认可，颇具创新精神。深圳的IT公司技术员工有着中国绝大多数IT类员工的共同点，就是比较注重理论知识，他们把完成一个项目或挑战视作人生最大的乐趣，专业知识素养较高。为了从工作中获得成就感，得到领导或者社会的肯定，他们更愿意接受那些具有高度挑战性的工作，以充分发挥个人的能力和实力，使个人发展与公司的发展步调一致。

（3）认同团队合作，协作水平高。基于IT行业的特性，个人英雄主义是无法满足21世纪高科技发展需要的，其工作需要更加注重团队协作。在具有共同的奋斗目标、共同的理想的团队精神指引下，IT企业员工会因为和团队其他成员一起完成了一份挑战性非常强的工作从而使自我价值得到了实现，他们认为团队的成功就代表着个人的成功，再强的个人也无法完全替代团队。

（4）工作持续时间长，工作压力大。其工作具有工作强度大、挑战高等特点。公司最大的特点就是加班，经常是五加二，白加黑。

（5）追求自我价值、倡导精神激励。

第三节　中国IT企业的发展战略

在经济全球化大背景下，各国间的经济活动联系比较紧密，在经济上国家界限日益淡化，这也为企业带来更多的机遇，但同时也要面对外国企业的冲击与竞争。对于发展中国家来说，它们面临着更多的吸引外资的条件，极大地带动了国际贸易的快速发展，但同时，发展中国家也面临着因经济全球化带来的冲击，导致世界经济发展更加的不均衡。从企业角度来看，它们的发展也受到了经济全球化的影响。管理企业内部活动是企业管理者日常工作中的一部分，他们同时还必须认真应对企业所处外部环境因素带来的挑战，根据公司自身拥有的资源、能力以及所处外部环境而制定发展战略，同时在内外部环境发生相应变化时对发展战略及时地进行审核和修改。

自从中国实施经济体制改革加入 WTO 以来，逐步融入世界市场经济体系，企业面对的生存环境是一个比较开放的体系，中国企业面临着日益复杂多变的外部环境。它们既影响着外部环境与条件，同时也受到外部环境与条件的影响，相对来说，经济体制改革对外部环境和条件的影响是非常有限的。它们要更好地在国际经济体系中占据核心地位，在竞争中赢得更大优势，中国企业为了更好地发掘企业的核心竞争力，应对日益激烈的国内和国际行业竞争，必须要超过企业内部环境，与时俱进，制定适合自身的发展、同时还要适应发展环境的战略。

皮尔斯和鲁滨逊[①]将外部环境划分成三种相互联系的范畴：遥远环境因素（全球和国内：社会、经济、政治、技术等）、行业环境因素（全球和国内：进入障碍、买方、供应商、可替代性、竞争对手等）、运营环境因素（全球和国内：供应商、竞争者、借贷方、劳工等）。遥远的环境可以为企业带来机遇、威胁和限制，但是企业个体自身一般无法对环境实施同样分量的影响。也就是说，经济全球化对企业的发展产生了不可估量的影响，企业必须积极应对和适应全球化，而企业个体对经济全球化的大背景和大趋势是无法扭转的。

因为战略是具有全局性的，所以企业实现愿景、目标的手段和方法是企业战略的总体规划。企业战略主要包括外部环境、内部资源和能力。良好的发展战略，首先必须是符合世界经济发展的总体趋势，才能在行业竞争中取得胜利。同时，企业战略还必须要符合所在国家和地区、所在行业的经济技术发展趋势，才能更好地为企业发展定调，实现企业的长远发展。也就是说，全球化是与信息技术密不可分、相辅相成的，为信息技术产业的发展带来机遇的同时也带来了挑战。

---

① ［美］约翰·A. 皮尔斯二世、小理查德·B. 鲁滨逊：《战略管理——制定、实施和控制》，王丹等译，中国人民大学出版社 2003 年版，第 335 页。

IT 企业必须非常清楚地意识到这些机遇和挑战，同时实施"知己知彼，百战不殆"的企业发展战略，认真研究企业自身在大环境下的优势与劣势，为企业发展制定合适的战略。IT 产业作为战略性的产业，具有技术密集和资金密集的特点。企业为了在全球竞争中获得更大的优势，许多国家纷纷调整自身的发展战略，大力支持和发展以 IT 产业为代表的高新科学技术产业。近 20 年来，中国的 IT 产业快速发展，并形成了一定的规模和发展水平。全球化给 IT 产业带来了难得的机遇和严峻的挑战。

进入 21 世纪以来，国内环境和全球环境的动态发展日益加速，技术创新也是日新月异，竞争也日益激烈，全球市场的情况日益复杂，消费者的需求也难以预测。所有的这些情况，为企业制定发展战略带来了巨大的挑战，所以需要企业有更前瞻的眼光和战略的主动性。如果企业只是消极地适应环境，那么企业将难以获得长足发展。

当前企业的发展战略开始强调资源与核心竞争力，企业必须要有适合自己的定位，具有较强的适应能力和学习能力，能够敏锐地感受到社会及经济环境因素的变化，维持与竞争对手相比而言的核心竞争优势，形成企业自身的核心产品、核心能力和市场导向的最终产品，才能在全球化经济体系中坚持领先地位。在信息技术行业，企业还存在一个特点：那就是中小企业数量多、实力相当，而且要求有较强的创新能力，在这样的行业中，企业动态竞争是比较激烈的。

对于 IT 企业来说，如果要适应全球化背景下日益激烈的市场竞争，那么企业必须积极整合内部资源，努力招纳有用的高科技人才，实现机制、管理和技术创新，从而提升品牌形象和服务水平，加大科研的投入，提高企业的投资效益。在制定企业的发展战略上，企业必须要克服"大而全"的思想，运用自己比较优势的成本原理，集中力量去发掘企业的相对优势和核心竞争力。

从世界经济的发展来看，经济全球化进程明显加快，信息化已成为全球化的必要保障。中国信息产业的发展将受到全球产业结构调整和信息技术进步的深远影响。众所周知，信息产业是国民经济的主导产业，是经济增长的催化剂和倍增器。根据国务院批准的"三定方案"，信息产业部的主要任务是通过积极有效的宏观管理和公共调控，振兴软件行业。电子信息产品制造业和通信服务业，为社会各行业提供先进的信息技术、设备和网络服务，以促进社会服务的信息化和国民经济的发展。为加快中国 IT 产业的发展，信息产业部将在以下几方面加大工作力度。

一　振兴信息产品制造业

信息化建设的主要技术和物质基础是信息产品制造业。信息产品已经被国家列为国民经济新的增长点，并且信息产品加快了产业结构调整，推动了技术进步，带动了中国经济的增长。信息产品在中国的市场前景十分广阔，2016—2020 年中国信息安全产品市场规模保持在 18.00% 以上的增长率，2020 年市场规模达到 761.95 亿元。

产业结构调整和企业的整合，中国需要以现有集团为基础，加大若干国家级开发与生产基地的培育，对具有国际竞争实力的大型企业集团进行扶持，形成以大公司为主体、带动中小企业共同发展的格局。进一步改组和整合企业，加大企业的开发创新力度，以形成高效的创新机制。在 IT 制造业、软件与通信、网络与信息家电等领域，产生一批拥有自主知识产权和竞争优势的高技术企业。对于那些发展前景十分明显的产品，如个人电脑、移动通信、光纤通信、网络设备、网络工具、高清晰度电视、DVD、信息家电等，将作为重点发展产品，形成规模化生产。

二　大力发展软件产业

软件产业发展对于人的知识和智力要求比较高，所以人的知识和智力成为软件产业发展最关键的因素，而在软件人才方面中国有很大的潜在优势。软件产业已经成为国家的战略性产业，确定软件产业近期的发展重点，研究制定面向 21 世纪的可持续发展战略和规划。我们将抓住人才这个关键，同时结合国家有关扶持的政策措施，制定给予 IT 人才特殊优惠待遇的奖励和政策，建立一套引入、稳定有限 IT 人才的机制，充分发挥软件人才的创造性、积极性，拉动产业增长。依照市场经济法律，在社会各方面实施多样化的共同投资方法，增加对软件产业的投资。纵观现有发达国家的发展经验，要让软件行业真正获得发展，仅仅靠政策支持和指导是不够的。我们还需要利用市场的力量，发展风险投资行业，成就一批能够组织资金、技术、才能的风险投资者。促进中国软件产业的快速发展。同时鼓励大型企业集团、高校和科研院所向软件产业投入资金和技术支持，充分调动社会各个方面的力量来发展软件产业。

三　加快信息基础设施的建设

信息化的加速发展，是建立在先进和完善的基础设施上的，因此中国信息技术的发展第一步是加快建设基础设施。同时，信息基础设施完善了，有助于推动 IT 产业的高速发展。目前，中国正在对未来基础设施的发展做高质量战略规划。中国已经建成了以光缆为主体的基础传输网，并在推进基本电信的普遍服务，未来中国将大力开发和利用当代最新的通信和信息科技成果，加快推进 5G 网络的商用，加速建设一个覆盖全国的超大容量、超高速度、超低时延、安全可靠的新一代互联网，构筑面向 21 世纪的国家信息基础设施，为将来发展物联网、无人驾驶、人工智能、远程医疗等信息产业打好基础。信息基础设施是在政府乃至国家的统筹规划和指导下推进建设的，组织科研、教育、工业、通信运营商等各方面的力量来参与，并在分工协作、公平竞争的基础上，合理配置资源，避免重复建设。要在国家战略的高度加以重视，实现中国通信技术从跟跑到并列再到领跑的不断超越。在建立基础传输网和经济适用的宽带接入网的同时，要合理发展与之相应的专用网络和局域网，形成适应信息化要求的现代化网络布局，而提升中国在地区和国际通信领域的地位和影响力。

四　抓好信息资源的开发利用

在加快 IT 基础设施建设的同时，还要高度重视信息资源的开发和利用，重点关注政府、公共市场、行业、企业信息等重点领域信息资源的开发和利用。尤其是近期，主要工作是信息服务和电子商务信息资源的开发利用以及互联网接入的工作。还应在信息资源的开发和利用中引入竞争机制。制定一系列配套政策措施，鼓励各领域、各层次大力发展和广泛利用各种 IT 资源，提供信息服务。同时，要加强市场规范和技术标准以及信用安全的建设，加大执法监督的力度，逐步建立科学合理的市场与管理机制，促进资源共享，使信息资源更好地为经济建设服务。

五　加强信息技术推广应用

今后将进一步提高各行各业信息技术应用的深度和广度。积极支持财政、税务、海关、科研、教育、文化、卫生等各级公共部门和政府机构，积极利用网络技术和电子信息技术，建立和完善高效可靠的运营管理和社会服务信息系统；鼓励企业特别是大中型企业推广和应用电子信息技术作为改善企业管理，加快技术创新以及节约能源、节约材料、提高产品质量和附加值的重要手段，进而提高经济增长的效率和质量，促进中国经济结构的调整和升级。

第四节　中国 IT 企业存在的问题

一　中国 IT 企业的问题

中国 IT 企业的离职率对企业是非常严重的问题。IT 产业的人才离职率（25%）要比其他产业离职率（22.59%）高。其中市场部门的离职率为 27%，技术研发部门的离职率为 26%，管理部门的离职率为 17%。比如，广州是中国 IT 企业的集中地，离职率超过了 30%。[①] 2016 年 11 月，前程无忧发布《2016 年离职与调薪调研报告》。报告中指出，IT 行业 2013—2015 年的员工离职率分别是 17.4%、18.6% 和 19.1%，但是近两年，IT 业的平均流动率高达 25%，有的甚至超过 40%，呈逐年上升的趋势，且 IT 行业近几年离职率一直处于各行业前列。

中国 IT 产业技术开发人才频繁的离职行为不仅影响 IT 企业的发展，还影响到了中国 IT 产业的整体发展。中国 IT 企业的离职原因非常多，各种原因结合在一起起到影响，但有时因为一个核心因素而产生离职意向。表 2—1 是员工离职影响因素分析。

---

① 车勖相：《对亚洲、北美、欧洲 IT 专业人才的离职意向的比较研究》，《韩国信息技术学报》2013 年第 12 卷第 2 期，第 23—38 页。

表 2—1　　　中国 2012 年 1—4 月份 IT 企业员工离职原因分析

主要原因	占比（%）	说明
家庭原因	14.2	个人生活、夫妻、子女、父母问题
对现在企业 不满意	22.2	没有对新员工的系统培训、工作安排的任意性、沟通困难、工作环境差
个人原因	23.5	向往其他职业、返乡、其他工作等
公司问题	16.0	违反公司规定、公司裁员
疾病等	2.5	身体疾病、体力下降等
薪酬福利待遇	9.9	工资不满意、业务量庞大、薪酬公平性
地域原因	2.5	交通不便、个人生活问题
其他	8.6	死亡、个人感情、因家人离职

资料来源：2012 年 IT 企业 1—4 月份离职分析报告。

最多的离职原因是"对现在企业不满意"和"个人原因"而离职。为了返乡，想找其他职业等个人因素和工作环境差、业务分工不明确等对现在组织的不满态度占离职意向的将近 50%。此外还提出其他的因素有：家庭因素、公司倒闭或裁员、疾病等问题成为离职的原因。

中国 IT 企业离职中，首先要考虑的因素是改善对公司的员工态度和个人问题。特别是，地域性离职率是有区别的，因此招募新员工时考虑地域性也是非常重要的。像这样对 IT 企业离职率高的原因有很多种议论，但有必要思考以下的影响因素。

第一，因 IT 产业的不可预测性而发生的离职。现代社会不存在没有不确定性的企业，同时 IT 企业因为更新换代太快，可以说不确定性更高。

第二，可能因国外企业的进入而发生离职。IT 企业因员工的高水平技术能力，有可能出现较多的离职后转向工资及福利条件更好的外国企业就业的情况。

第三，作为组织改革的连锁反应出现的离职。频繁发生企业解散、合并或分割与否等，造成连锁性员工离职。

第四，对企业文化及管理机制的不满等社会因素对离职产生影响。

第五，IT 相关技术对个人创业的可能性较高，员工对个人事业产生较大的诱惑时对离职产生影响。

第六，IT 相关工作容易产生较大的精神压力，这也是离职率高的原因。

第七，受信息通信工具的影响非常严重，因为使用太多的通信工具和网络，容易相互攀比工资及福利待遇，这些也会影响离职率。

综上所述，中国基本上属于 IT 人才匮乏的国家，同时，为了创业而发生的离职率也很高。IT 产业相关的高级人才只占全体产业的 0.14%，高级 IT 工程师只占相关产业的 3.2%，因此，企业间的人才争夺非常严重。

同时，随着 IT 人才离职率的攀升，相关企业接连出台提高工资，发放奖金等防止人才流失的措施。网易、搜狐、腾讯等接连提高普通员工的工资，百度给优秀团队发放 100 万元的奖金。同时，通过分红、支援住房贷款及子女教育经费、发放巨额奖金等能够切身体会到的福利待遇制度吸引优秀人才。腾讯和阿里巴巴把公司股份当作奖励分给员工，腾讯、网易、阿里巴巴支援住房贷款。还有，从 2012 年起，网易、搜狐、腾讯接连涨工资，涨幅达到了 10%—25%。门户网站网易在 2016 年 6 月份，对过去 1 年没有涨工资的员工上涨了 25% 的工资，对核心事业的门户网站事业部，决定每年定期上涨两次工资。还有，搜狐在喜迎春节之际上涨 10% 的工资，腾讯和新浪也有 9.3% 和 10% 的工资上涨。

中国 IT 企业通过涨工资、发放奖金、分红等方式，来提高员工士气和企业形象。百度根据贡献度，从下属员工 10 人以下的团队中选拔优秀团队发放 100 万元的奖金。腾讯和阿里巴巴把各自股份的 366 万股和 15600 万股当作奖励分发给员工。为了吸引员工的长期工作，设置住房基金，给员工提供无息贷款。腾讯共设置 10 亿元的基金，实施对购买第一套住房的员工提供无息贷款的"安居计划"。阿里巴巴实施 30 亿元规模的"职业贷款计划"，对 2 年以上工作年限的员工提供 20 万元、对 3 年以上工作年限的员工提供 30 万元的无息贷款。IT 企业也没忽略子女教育、发放物价补贴、社保等员工亲和力福利待遇。阿里巴巴设置 5 亿元的教育基金，支援教育设施建设，向员工发放子女教育及物价补贴 4000 元。网易把员工五险中的个人承担部分也全额承担。根据中国人事科学研究院报告，中国高级技术人才达到 2530 万人，但还不能满足全体产业需求。2016 年 6 月份印发的《国家中长期人才发展规划纲要》也提出，到 2020 年，在设备制造、IT、生物技术等领域必须额外培养 500 万名的专业人才。[①]

IT 企业为了管理员工的离职率，尽量根据员工的需求和所遇到的困难来制定奖励制度，还有让员工灵活利用业余时间来开发自我，这些都有助于提高员工满意度和企业形象。但是，相应的通过对影响离职率的原因进行探索性研究和相关变量间的因果关系研究，根据离职率的根本性原因研究制定战略会使管理更有效果。特别是考虑组织相关态度和员工出生地域对离职意向的影响时，可以对 IT 企业的人才管理领域提供重要的启示。还有，相应地明确组织管理中有效的领导力作用时，有望从学术性或务实性方面提供重要的启示。

二 IT 行业地域发展存在的问题

(一) 北京地区 IT 行业发展存在的问题

在北京市软件行业蓬勃发展影响下人才供需的矛盾也日益突出。致使北京市软件行业人才相对缺乏，其主要表现在以下两方面：一是人才供给总量低，加上国外和外资企业竞争影响，人才供需矛盾更显突出；二是人才结构不合理，现状表明该产业目前占绝大多数的是软件工程师，且层次较低，其多为本科学历，软件系统分析员、项目总体设计师、软件测试工程师较缺乏，并且进行程序编写的程序员也较少。

北京市 IT 行业的光明前景不仅拉动了就业市场的需求，也缓解了之前金融危机导致的就业难题。现状表明，国内 IT 行业人员平均年龄为 32 岁，IT 人员的明显特点是年轻。人才需求量在中国软件行业的迅猛发展影响下倍增，从而使软件技术人才就业相对容易，在此就软件相关专业大学生的就业前景做一下简要分析。软件相关专业的大学生在进入企业后的就业方向主要有以下两种：一是走技术路线以研发为主，比如软件开发工程师、测试工程师、网络工程师、系统架构师、技术支持工程师等。最终实现由初级程序员到高级程序员再到技术总监的职业发展路径；二是走管理路线，首先从初级程序员做起，然后是产品线经理，最后晋升为部门经理等。这两种路径给予了员工双向发展和双向选择的空间，一

---

① 金玲：《中国 IT 企业的人才引进措施》，KOTRA 北京贸易馆，2011 年。

方面增加了企业用人的选择权，另一方面有利于员工根据自身能力进行合理的定位。IT 行业人员的地域流动具有"中心流"趋势。他们往往倾向于在北京、上海、深圳、广州、大连这些 IT 业发达的城市间流动。

北京拥有包括清华、北大在内的 68 所高校，包括中国科学院在内的 200 多所科研机构以及号称"中国硅谷"的中关村，良好的行业氛围和行业资源吸引着国内大量人员。北京户口附带的各种现实利益也是吸引人才的重要筹码。当然，北京作为发达城市，其严峻的住房形势不可忽视，这是人员选择流出北京的重要现实因素。由于 IT 人员从事的工作是脑力劳动，超长的工作时间和较大的工作压力，使得 IT 人员为自己的身体状况担忧，身心俱疲下，他们往往会选择离开北京，到生存压力较小的城市工作、生活。因此，区域流动性在 IT 行业人员选择就业地域中表现明显。

（二）深圳地区 IT 行业发展存在的问题

深圳的 IT 产业结构呈纺锤形，两边大，中间小，一边是大型的高科技企业，另一边是大量的小企业，高端人才都被大企业吸引，小企业里只能招到一些低端人才，企业一旦发展壮大，人才瓶颈就会立即出现。根据《深圳特区报》调查显示，2009 年深圳 19 个行业的员工离职率平均为 15.9%，其中 IT 行业的离职率最高，达到 19.8%。深圳的 IT 产业的迅猛发展造成了上万的人才需求空缺，其中高层次的复合人才最为紧缺，各公司纷纷开始了人才的争夺。

目前，中国 IT 产业发展面临的最大问题可以概括为：核心技术不足、缺少自主知识产权、人才流失，其中防止人才流失是中国 IT 产业所面临的最亟须解决的问题。这些说明中国 IT 产业技术开发人才频繁的离职行为不仅影响 IT 企业的发展，而且影响到了 IT 产业的整体发展。

对于离职的主要原因，学者达成共识的有：工作职责的纠纷、所承担的业务量、工作倦怠、工作的主要动力、薪酬水平、职业的稳定性等。但是，考虑到中国 IT 产业的工作环境大部分相似，薪酬、工作环境及工作条件等也类似的情况下还出现如此高的离职率时，有必要研究对离职意向有影响的其他原因如领导力。关于中国企业的领导力与组织相关变量之间关系，企业文化与组织相关变量之间的关联性研究，只有少数研究者进行了研究。

　　为了寻求解决相对于中国 IT 产业的急速发展居高不下的离职率的方法，有必要对 IT 企业的经营管理形式进行系统的、深入的调查，但是，实际情况却是目前对 IT 产业对领导力与组织相关变量间的关系研究非常缺乏。可以把现有的中国企业的领导力与组织相关变量间的关联性研究直接套用到 IT 产业进行说明，但是，反映 IT 产业员工特性，验证变量间的关联性时，可以得到更加符合实际的研究结果。同时，中国地域广阔，地域间的发展水平不均衡导致调查难度高、所需时间长，还有可能出现较大的数据误差。所以，本书综合考虑人口密度、地域经济、文化水平和改革开放程度等因素，把 IT 企业员工根据文化差异的出生地域分为中国东北部和东南部两类，并研究其对组织管理领域的变量及离职意向有何不同。

第三章

理论基础及概念界定

第一节　理论基础

迄今为止，领导力理论可以说主要侧重于领导个人或领导与组织成员之间关系的研究，但作为领导对象的组织成员的观点相对被忽略了。然而，由 Burns 和 Bass 系统研究并从理论上确立的变革型、交易型领导理论，既包括组织成员对领导的认识，也包括领导与组织成员之间的相互关系，这些都包含在领导力概念里面。因此，本书也试图以变革型领导能力和交易型领导能力为中心进行研究。

一　变革型领导

最近变革型领导（Transformational Leadership）在急速变化的环境中被强调为重要的领导力概念。变革型领导是 Burns 为了说明让组织变革成功的领导力，在自己的著作 "Leadership and Performance beyond Expectation" 中定义为："能够激发下属的积极性从而更好地实现领导者和下属目标的个体"[1]，此后，Bass[2] 定义为："让组织成员信任、忠诚、尊敬领导的同时，付出超越原先期望值以上努力的过程"，使变革型领导发展得更加精准，广为人知。[3]

在急剧变化的环境下，强调领导开发和激励下属，也就是说利用变

---

[1]　Burns, J. M., *Leadership*, New York, N. Y.: Harper & Row, 1978.

[2]　Bass, B. M., *Leadership and Performance beyond Expectation*, N. Y.: The Free Press, 1985.

[3]　纪海岚：《关于交易型、变革型领导对组织成果的影响研究》，博士学位论文，韩国崇实大学，2011 年。

革型领导刺激下属，让下属跨过个人的利害关系，追求更高水平的需求，为此需要开发和激励下属。变革型领导必须要给组织成员展示率先垂范、放弃个人利益、牺牲自我的精神，带给组织成员更高的理想和道德价值，引导组织成员产生以崭新的方式去思考问题的积极性。

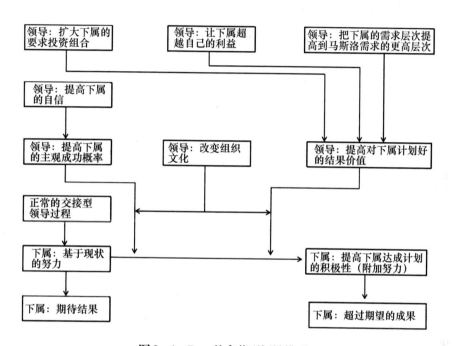

图3—1 Bass 的变革型领导模型

资料来源：纪海岚：《交易型领导、变革型领导对组织成果的影响研究》，博士学位论文，韩国崇实大学，2011 年。

变革型领导的本质是为了改变组织成员原有的态度和意识行使影响力的过程，提高成员们对自己所属组织的使命感和目标意识，还有对战略的忠诚度，引导更高水平的承诺。变革型领导的因素有领袖魅力、鼓舞式激励、智力激励、个性化关怀等。[①]

（一）领袖魅力（Charisma）

联想到强烈和充满魅力的形象的英文单词 Charisma 源自希腊语 Khar-

---

① Conger，D. L. & R. N. Kanungo，"Toward a Behavioral Theory of Charismatic Leadership in Organizational Setting"，*Academy of Management Review*，Vol. 12，No. 4，1987，pp. 637 – 647.

isma，其意思是代表创造奇迹或预言未来的能力——"神赐予的礼物"，受人爱戴及尊敬的，如果起到反作用那么会让人产生厌恶感等特征。

Bass 认为，单靠领袖魅力无法充分说明组织的变革过程，在领导和行为层面上把领袖魅力看作是变革型领导的一个组成因素，让组织成员热衷于被分配的职务的人；引导对组织有忠诚度的人；所有令下属尊敬的人；能够了解在组织中真正需要的是什么样的人；具有使命感的人等具备了领袖魅力的特性。① House 对其追随者定义的领袖魅力领导力是，产生领袖魅力效果（Charismatic Effect）的领导力，他指出领袖魅力型领导比其他领导具有更强的支配欲及影响欲，强烈的自信对自我信念的道德正当性持有强烈的确信感等，领袖魅力型领导不仅向下属明确提出基于自我信念的目标并赋予对成功的强烈信念，同时刺激下属的高水平需求，从而引发实现目标的强烈动机。②

诸多学者对领袖魅力型领导力的概念下定义，综合起来就是："领袖魅力型领导力是通过提出与特定情况不符的极端展望，高风险、非习惯性行为、准确的情况判断、对自己的见解或信念充满自信，向下属传递这种信念的领导力"。③

领袖魅力型领导力有三大效果：

第一，把追随者的需求由低水平提高到高水平；

第二，把追随者的道德水平提高到高水平；

第三，激发追随者抛开利益关系，专注于团队的目的，具备领袖魅力型领导力的领导具有自我奉献、描绘愿景、对环境敏锐的反应、对下属的能力及情感敏感等形态特征。④（见表3—1）

---

① Bass, B. M., "From Transactional to Transformational Leadership Learning to Share the Vision", *Organizational Dynamics*, Vol. 18, No. 3, Winter 1990, pp. 19 –31.

② House, R. J., "A 1976 Theory of Charismatic Leadership", in Hunt, J. G. & Larson, L. L. (eds.), *Leadership: The Cutting Edge*, Carbondale: Southern Illinois University Press, 1977.

③ 张泰允、朴灿植：《关于领导力类型对组织结构与成果产生的影响研究》，《人力资源管理研究》2001 年第 3 期，第 321—343 页。

④ House, R. J. and B. Shamir, "Toward the Integration of Transformational, Charismatic, and Visionary Theories", in Chermers, M. and Ayman, R. eds., *Leadership Theory and Research Perspectives and Directions*, Orlando, F. L.: Academic Press, 1993.

表3—1   领袖魅力型领导和非领袖魅力型领导的比较

比较属性	领袖魅力型领导	非领袖魅力型领导
现状认识	反对现状并努力改变现状	安于现状及努力维持
未来目标	设置与现状距离很远的目标前景	与现状无太大差异
喜好度	与领导分享观点和理想性愿景的一体化及尊敬对象化	对与领导分享的观点努力去接受
信赖性	存在个人危险和奉献的工作热情	对努力说服漠不关心/微弱
专业性	善于打破现有秩序及利用非常规手段	善于利用现有框架内的可用手段
形态	非传统、不重视规范	认同传统与规范
环境敏感性	为了环境变化而敏感	环境维持型，不敏感
细化	对愿景的细化和推进有强烈的动力	对目标的细化和推进动力不足
权力基础	专家，参照性个人权力	主要为奖赏性地位权力及专家个人权力
与成员的关系	企业家式，喜欢分享激进的变化	指示性，追求认同和协商

资料来源：金昌杰：《领导力理论与实践》，首尔：博文阁出版社2003年版。

（二）鼓舞式激励（Inspirational Motivation）

变革型领导早期理论中鼓舞式激励包含在领袖魅力型内，但 Bass 和 Avolio[1] 在修改理论时指出，即使没有领袖魅力的领导也可以通过给下属提示愿景并给予能够达成的自信激励下属，因此鼓舞式激励可以说是领导向下属号召愿景，通过多种激励方式鼓舞下属，让下属热心于工作的感性沟通行为。

领袖魅力包含激励内容，但是鼓舞式激励有别于领袖魅力可以单独发生，领袖魅力通过启发和鼓舞下属来激励，但是在没有发挥领袖魅力的状态下也可以发生鼓舞式激励。这意味着并不是因为强势领导是自己的偶像，而是因为制定正确的目标并提示达成目标的方法，所以下属可以获得更大的动力，这才是鼓舞式激励。领袖魅力情况下，下属把自己的固有权限移交出去并不能批评领导，但鼓舞式激励的情况下，可以批

---

① Bass, B. M. & Avolio, B. J., "The Implications of Transactional and Transformational Leadership for Individual, Team and Organizational Development", in W. Pasmore and R. Woodman (eds), *Research in Organizational Change and Development*, Vol. 4, Greenwich, C. T.: JAI Press, 1990.

评领导，可以说在这点上存在差异。

（三）智力激励（Intellectual Stimulation）

智力激励是领导让下属具备面对状况时的问题意识，从新的角度观察问题，同时从新的方向考虑解决问题的方法。[1] 领导向下属提供新的创意，让下属感受到挑战意识并刺激他们用新的方式考虑日常问题，使下属们打破原有思维模式，引导他们从更有创造性的观点理解问题。这种激励智力的做法，使部下面对问题本质及其解决方案具有更深层次的概念化、理解度和慎重性。变革型领导不会满足于部分问题的解决，不会接受现状，也不会按照以前的方法工作，而是摸索新的方法和新的变化，不顾高风险，具有很强的最大限度利用机会的倾向。Bass 主张，这种智力激励与情感激励相结合时智力激励甚至有可能达到增强意识、改变意识、转换思想。

同时，领导为了通过智力激励下属，领导本身必须要有丰富的知识储备，还可以利用这些知识激励下属，这些能力可以说是领导所必备的，可以说能够智力激励下属等能力与领导的能量有密切的关系。

（四）个性化关怀（Individualized Consideration）

个性化关怀是指，对不同个人或团队下属，通过表明对他们的需求和希望的关注和关怀来提高激励水平。个性化关怀是分享领导的关注事项和下属的关注事项，变革型领导会让下属自己确认各自的需求，引导下属拥有更高层次的需求。[2]

据 Bass 和 Avolio[3] 所述，个性化关怀并不是把所有组织成员按照统一标准对待，而是通过尊重每个人的感情和关注、需求，激励下属，因此领导需要时常掌握成员每个人的特性和不同点并仔细关注。[4] 同时强调下属和上司间的直接接触和双向沟通，以此明确下属的自我定位，激起下

---

① 南基一：《关于职业足球教练的领导力类型对组织有效性决定因素的研究》，博士学位论文，韩国庆熙大学，2009 年。

② 刘炳坤：《组织结构和组织文化对变革型、交易型领导与组织有效性关系产生的组织效果与研究》，博士学位论文，韩国檀国大学，2011 年。

③ Bass, B. M., *Leadership and Performance Beyond Expectation*, N. Y. : The Free Press, 1985.

④ Bass, B. M. & Avolio, B., *Multi - factor Leadership Questionaire*, 2nd ed., N. Y. : Binghamton University, 2000.

属对获取信息的需求并对决策结果具备责任意识。

这种变革型领导理论是在寻求对领导力传统见解的替代性方向上提出的。变革型领导对组织未来设定愿景，然后把愿景和组织成员联系在一起，促进和鼓舞期望值以上的动机。因此，变革型领导不会纠缠于日常工作的进行，而是以较为长期的哲学激励每个下属，使其得到发展。（见表3—2）

表3—2　　　　　　　　　　变革型领导的因素

区分	内容
领袖魅力	领导向下属提供愿景和使命感并培植下属的价值观、尊敬、自信使其信任领导
鼓舞式激励	领导向下属提示愿景，通过对努力的表扬、激励，提供活力使其专注于业务
智力激励	领导为下属成就个人成长，要表现出个别关怀，认可个人的需求差异并赋予恰当的业务开发潜力
个性化关怀	领导培养下属在分析状况时跳出原有的框架，提高理解力和合理性，对解决问题方式的认识转换到新的方向，进而从更加有创意的观点解决问题

资料来源：Bass, B. M. & Avolio, B., *Multi-factor Leadership Questionaire*, 2nd ed., N. Y.: Binghamton University, 2000.

二　交易型领导

交易型领导（Transactional Leadership）是指领导在特定情景之下基于奖赏对下属行使影响力的过程，意味着领导和下属之间是交易关系。即，可以说明，下属遵从于领导忠实于业务，作为相应的代价领导给下属提供奖赏"领导和下属间的交易关系"为重点的领导力。

领导根据状况，通过奖赏与处罚赋予下属提高工作质量的动力。现有的诸多领导力理论与这种交易型领导有关联，还有现实中交易型领导的交易是非常普遍的现象，在几乎所有类型的组织和阶层都能观察得到。[①]

交易型领导的效果在于，下属认为领导有能力和权限给予下属所希望的奖赏，根据达到的程度，行为和业务投入会有所不同。但是大部分

① Northouse, P. G., *Leadership: Theory and Practice*, 4th ed., London: Publication of Thousand Oaks, 2007.

组织的情况是，下属所期望的奖赏，涨工资和晋升等是有限的，所以领导所能提供的奖赏对于激励下属有局限性。最终，交易型领导的有效性大部分都是通过使用处罚而形成，因此，使用交易型领导只能造成相对效果较低的现象。①

交易型领导是基于下属的成果与奖赏的价值进行的交换，相反的层面上可以存在根据高理想和道德价值追求变化的变革型领导，两个领导力不是相反的关系，而是达成目标所必要的互补关系。因此，变革型领导的概念可以定义成，不是代替交易型领导的方法，而是增加交易型领导的正面效果的互补关系。

Bass 和 Avolio② 把现有的领导力模型归类于交易型领导，通过多因素领导问卷（Multiple Leadership Questionnaire，MLQ），提出权变奖励和例外管理为交易型领导的组成因素。

（一）权变奖励

所谓权变奖励（Contingent Reward）指的是管理者以工作角色以及任务要求为中心，将下属对约定任务的完成情况作为其物质或精神奖励标准的行为。交易型领导行为的其中一个维度是权变奖励。

领导的有效性是在交易型与变革型领导的研究中一个重要方面 Bass 等③，尤其是领导行为与部门和员工的绩效之间的关系。根据 Lowe 等④的元分析结果发现，管理者的权变奖励行为直接影响下属感知的组织效率，且呈显著的正相关关系。Podsakoff 等⑤针对目前有关替代领导行为的研究

---

① Yammarino, F. J. & Bass, B. M., "Transformational Leadership and Multiple Levels of Analysis", *Human Relations*, Vol. 43, No. 10, 1990, pp. 137 – 153.

② Bass, B. M. & Avolio, B., *Multi – factor Leadership Questionaire*, 2nd ed., N. Y.: Binghamton University, 2000.

③ B. M. Bass, B. J. Avolio, D. I. Jung, et al., "Predicting unit performance by assessing transformational and transactional leadership", *Journal of Applied Psychology*, 2003, 88 (2): pp. 207 – 218.

④ Lowe, K. B., Kroeck, K. G., & Sivasubramaniam, N., "Effectiveness Correlates of Transformation and Transactional Leadership: A Meta – Analytic Review of the MLQ literature", *Leadership Quarterly*, No. 7, 1996, pp. 385 – 425.

⑤ Podsakoff, P. M., MacKenzie, S. B., & Bommer, W. H., "Transformational Leader Behaviors and Substitutes for Leadership as Determinants of Employee Satisfaction, Commitment, Trust and Organizational Citizenship Behaviors", *Journal of Management*, No. 22, 1996, pp. 259 – 298.

数据进行了元分析，结果发现管理者的权变奖励行为直接影响了员工的组织承诺和员工的角色内绩效，且呈显著的正相关关系。

近年来，又有许多新的实证研究表明领导者的权变奖励与下属的态度和行为存在显著的正相关关系 Atwater 等[1]；Bass 等[2]。虽然也有实证研究表明领导者的权变奖励与下属的态度和行为存在显著的负相关关系 Howell 和 Avolio[3]，但是最近的元分析表明领导者的权变奖励正向影响了下属的态度、感知和行为 Podsakof 等[4]。

虽然国内外的许多研究已经证实了变革型领导行为对组织和员工绩效的显著影响，但在中国目前这样的情境下，笔者认为：对管理者的交易型领导行为与员工行为的关系加以研究是很有必要的。因为变革型和交易型领导风格是相辅相成的，如果领导者与下属的关系缺乏变革型领导风格特点，那么交易型领导风格可能会失效。反之，变革型领导风格可能会失效。

总之，权变奖励是下属希望通过努力获得奖赏时，领导告知他们应该做什么，并给予下属通过努力所希望得到的报酬，通过这种交换关系激励下属并达成明确的目标。权变奖励主要有涨工资、晋升、对结果的表扬等形式，当这些补偿到位时，部下的期望和绩效也会得到提高，这样可以强化维持期望成果水平的努力。

领导拥有很多权限，下属为了获得奖赏只能依赖于领导，同时获取奖赏的结果是根据下属的能力和努力达成并可以准确评估结果时领导的有条件奖赏行为取得较大效果，但是因为时间关系，对正强化（Positive

---

① Atwater, L., Ydmmarino, E., "Self – other Rating Agreement: A Review and Model", *Researchin Personnel and Human Resource Management*, IS, pp. 121 – 174.

② B. M. Bass, B. J. Avolio, D. I. Jung, et al., "Predicting Unit Performance by Assessing Transformational and Transactional Leadership", *Journal of Applied Psychology*, 2003, 88 (2), pp. 207 – 218.

③ Howell, J. M. & Avolio. B. J., "Transformational Leadership, Transactional Leadership, Locus of Control, and Support for Innovation: Key Predictors of Consolidated – business – unit Performance", *Journal of Applied Psychology*, No. 78, 1993, pp. 891 – 902.

④ Podsakoff, N.P., Shen, W., Podsakoff, P.M., "The Role of Formative Measurement Models in Strtegic Mangement Research: Review, Critique, and Implications for Future Research", *Research Methodology in Strategy and Management*, No. 3, 2006, pp. 197 – 252.

Reinforcement）效果的不信任，能力和自信不足等原因，权变奖励很难被充分利用。[1]

（二）例外管理

例外管理（Management by Exception）开始是由管理学引入领导学的，也就是指对于那些首次出现的、模糊随机的、十分重要且需要立即处理的非程序化问题领导人需要投入主要精力和时间用来处理。而对于常例，也就是决策对象中经常出现的、决策者已有固定的或例行的程序来处理的问题，由于职业经理之前处理过类似的问题，所以这些问题大多在意料之中，控制范围之内，职业经理通常可以把这些常例的处理方法程序化，甚至是授权，让下属去处理，但那些非职业经理就不处理程序化决策。因为程序化决策与非程序化决策没有绝对的界限，程序化决策在某些条件下是有可能转化为非程序化决策，这时就需要职业经理善于分辨事件是否是常例、或是否在意料之中和控制范围之内，并在此基础上采取相应的措施实施决策。

对例外情况的管理是指，平时对下级的行为不进行特别的干涉，但摆脱与领导事先协商的标准，或在没有取得成果时进行处罚、警告、罚款、解雇等领导行为。这种例外管理分为：工作发生错误时为了改正几点问题领导才会介入，直到发生需要改正问题为止，领导是消极存在的消极的例外管理；为了应对员工发生失误时进行干涉，直到产生修改的必要性为止。

三 变革型领导和交易型领导比较

（一）定义差异

所谓变革型领导，是指领导提倡建立长期组织目标和注重内部下属员工的需求，希望员工能够明确领导力、组织需求和自身价值，不断树立并增强自我信心。希望员工的实际工作量超过领导的预期规划，这样员工们就会逐渐把团队和组织的利益放于个人利益之上，个人利益就会服从于团队和组织的利益。而交易型领导更加重视与下属员工之间的资

---

① Yammarino, F. J. & Bass, B. M., "Transformational Leadership and Multiple Levels of Analysis", *Human Relations*, Vol. 43, No. 10, 1990, pp. 137 – 153.

源交易，这种类型的领导存在着明显的利益交换关系，即企业将会满足员工们所需，然后员工为企业付出所需要的回报，这种领导方式靠领导和员工之间的交易关系来运作。

（二）目标差异

变革型领导与交易型领导的领导目标完全不同，依笔者来看，领导力的目标被领导性格所影响。变革型领导通过利用高理想、高士气和高期望来影响下属，变革性领导能够增强员工的自我管理能力，而且变革型领导相比交易型领导更加关心员工。个人魅力、激发员工思维和人文关怀是变革型领导表现出的三种性格特点。这三个重要因素都影响了领导目标。

首先，个人魅力是指领导激发下属员工对领导产生认可度的能力，一位具有个人魅力的领导将会表现出自信、以集体利益至上，并且能把精力全身心投入组织目标中，这种领导在说话时也表现出对工作的热情和积极的态度。

其次，激发员工思维是指领导激发员工解决各种问题的能力，通过领导的带领员工会更加重视企业问题，并且可以研究出解决问题的全新方案。领导为了从员工身上看到创新性的解决策略，往往需要激发员工思维，希望他们对待事情要有不同的观点和立场。

最后，是人文关怀，这类似于员工导向，这种领导都会尽全力去支持和关怀下属员工，这种方式会使员工变得更加自信，并且从内心深处想要提高自己的工作绩效，从而提高团队的绩效，为企业创造更多的价值。交易型领导以任务为导向，强调工作质量是否达标，重视员工工作结果是否有标准和精确，这种领导应根据工作质量或工作结果采用偶然性的奖励机制或者特殊的奖赏机制。巴斯认为，如果在企业中应用特殊奖励机制将会对员工的激励效果不好控制，可能会产生积极的影响也可能产生消极的影响，消极的影响方面会对员工考察有所遗漏。员工的奖励程度是由最初的工作期望与实际工作绩效对比所决定的，因此员工们会受到不同程度的奖励，主要原因就是个人实际工作绩效影响奖励差异。

（三）行为差异

变革型领导很重视员工的工作质量，会对员工进行公司愿景和企业文化的培训，这能很好地促使员工积极努力工作，以便能超额完成预期任务。从领导的视角看，他们希望员工能够把公司的集体利益放在个人利益之上，必要的时候个人利益应该服从集体利益。相比变革型领导，权变式奖励行为是交易型领导的特点，该领导风格关注员工是否有标准、精确的工作结果。在员工工作的过程中领导会全程监督他们，指出并纠正那些没有按照要求或标准执行的员工行为，这样领导就可以明确企业预期的目标绩效，也会根据员工完成任务的实际情况给予他们奖励。

（四）效能差异

变革型领导和交易型领导都会对公司管理的效能和效率产生正面的影响。凯尔利斯从员工角度研究发现，变革型领导相比于交易型领导，对公司管理产生更具积极性的影响，主要表现在员工工作满意度、员工工作绩效和员工对组织的忠诚度方面。另外，从组织的层面来看，调查研究结果表明变革型领导还影响着领导效能。综合以上分析，我们可以看出变革型领导与员工工作满意度、员工绩效和团队绩效之间有紧密联系，而交易型领导与员工工作绩效和组织参与行为联系密切。

（五）相互作用差异

变革型领导往往喜欢诚实的、尊敬他人的和有价值有能力的员工；交易型领导则关注那些有能力、对组织忠诚的员工。变革型领导鼓励员工的创新性行为，并且希望其有信心迎接各种风险和挑战。虽然这两种领导方式在不同的方面表现出不同的效能，在某些方面有所差异，但在本质上不相互排斥。从某种程度上说，如果领导同时应用这两种领导风格，就可以全面提高企业的工作绩效。

（六）变革型领导和交易型领导之间关系的研究

伯恩斯曾在《领导力》这本书中讨论过变革型领导与交易型领导在概念上的关系，他认为变革型领导和交易型领导之间产生差异的原因是由领导与员工之间的相互作用引起。变革型领导更注重员工的高层次内部需求，希望通过公司愿景来激励员工，而交易型领导是在短期内与员工相互交易资源。虽然二者存在差异，但是伯恩斯指出变革型领导和交易型领导都能够对工作绩效产生积极影响；虽然这两种领导风格在各自的方面展现出各自效能，但是每种领导风格又各有其独特的优势与特点。若一个企业组织能够同时应用两种领导风格，一定会对企业产生显著的积极影响。

变革型领导和交易型领导两者的主要差异是变革型领导对员工的工作要求更高，变革型领导能够提高员工的忠诚度和信任度，员工能够积极工作，提高工作绩效，会满足领导的期望值。这种领导风格符合马斯洛需求层次论中的高层次需求，即自我实现。而交易型领导往往倾向于满足员工的基本层面需求，这符合马斯洛需求层次论中的低层次需求，即生理需求。

变革型领导与交易型领导都能够激发出员工的创新能力，其中任何一种领导风格都对提高团队的工作绩效有很大的作用。虽然变革型领导在某些方面的效能优于交易型领导，但是两者都有其独特的优点，况且并没有两者之间相互排斥的现象。所以，如果领导在应用时能权衡好这两种领导风格，使其相辅相成、共取精华，那么将大幅提高公司管理绩效和工作效率。企业在实际运作中，领导根据企业自身发展需要对领导风格做出必要的调整，学会因地制宜、灵活变通，找出最适合企业发展的领导风格，只有最适合企业发展的才是最好的选择。

交易型领导是通过有条件奖赏或例外管理，控制下属取得看得见的成果，变革型领导是以领袖魅力为背景，个性化关怀下属，让他们奋发图强、刺激需求，从本质上改变员工并发挥领导力。即，交易型领导致力于维持短期现状，指定没有过于偏离现状的目标。同时通过及时和看得见的奖赏激励下属，为下属解决问题或解答问题。[①] 但是变革型领导激励下属为了长期目标而努力并憧憬自我实现等更高层次的个人目标，指定比现实更高的目标。同时鼓励下属挑战变化的、崭新的目标，激励或刺激下属自己寻找解决问题的方法（见表3—3）。

表3—3　　　　　　　　**变革型领导和交易型领导比较**

领导力对比因素	变革型领导	交易型领导
时间指向	长期的，未来指向	短期的，重视现实
合作机制	目的和价值的一致性	适用规定和规则等

---

① 南基一：《关于职业足球教练的领导力类型对组织有效性决定因素的研究》，博士学位论文，韩国庆熙大学，2009 年。

领导力对比因素	变革型领导	交易型领导
沟通	多向沟通	垂直、向下沟通
重点	组织内外顾客满意	主要追求财务价值
奖赏机制	内在价值，个人多样性	外在价值，组织控制
权力源泉	成员们的认可和赋予	赋予职责权力
决策	分权向上决策	集团向下决策
认可机制	合理说明	命令同意
对于变革的态度	应对及接受的态度	回避及有可能抵触
引导机制	愿景和价值观	利益
控制	自律管理	组织意志
观点	开放性观点	内在性观点

资料来源：金昌杰：《教育组织行为论》，首尔：刑设出版社 2003 年版。

四 变革型领导与交易型领导对员工创新的影响

（一）变革型领导的影响

根据相关研究结果显示变革型领导会对员工产生积极的影响，主要表现在员工工作效率、工作态度及创新性行为方面，在这种方式下，变革型领导能够激励员工更加积极努力地工作。阿马比尔等人的研究发现变革型领导能够对员工创新性行为产生重大影响，领导可以对员工的想象力加以理解、鼓励和支持，以此来激励员工产生新的想法或新的观点。中国学者王颖曾提出魅力型领袖能够给员工带来工作上的自豪感和深刻意义，领导通过个人魅力来激发下属工作动力，变革型领导表现出的人文关怀可以加强员工的归属感和对企业的认同感。

（二）交易型领导的影响

研究表明交易型领导可以观测员工的创新性行为，而权变式管理会阻碍员工自身的内在动力，为此员工工作的创新积极性很有可能会削弱，巴斯强调交易型领导风格中的权变式奖励机制会对优秀员工产生外部激励，为了得到奖励，员工们会更加积极努力地工作。阿马比尔认为有时员工创新性行为可能会被外部激励削弱，总体来看，即使员工创新性行为受到外部激励的影响，但仍然可以提高员工的创新性行为。另外，如果两种领导风格同时在一个企业组织中应用，可能会对员工的创新性产生更加有利的影响。

第二节　概念界定及相关研究

一　工作满意度

（一）工作满意度的概念

长久以来，工作满意度和组织承诺一直都是社会学、心理学、经营学的重要研究课题，现在还有诸多研究正在进行。关于工作满意度的学问性关注和研究增加的原因是因为工作满意度不仅是在组织层面上，而且在组织成员立场上占有重要的意义。组织层面上是因为组织成员的工作满意度与组织成员的忠诚度、工作执行力和积极性、离职、劳资关系等企业或组织的工作效率、人力管理问题有密切的关系，所以非常重要。[①] 从组织成员立场出发时，工作满意度影响组织成员的精神和身体健康。不仅仅是个人的压力问题，还影响到家庭的经济生活与业余生活、家庭关系等日常生活，所以也是非常重要的问题。[②]

如上所述，因为工作满意度的重要性，国内外关于工作满意度的研究有很多种，但是工作满意度是对工作的主观感情，是无法实际观察到的，所以对工作满意度的概念不同学者有不同的见解。但是一般来说，工作满意度大体上由两个层面组成：一个是对工作持有的整体喜好甚至是快乐指数，是来自一般情绪的心态层面，另一个是根据满足自身需求或者期望值的交换关系，来自经验的认知心态层面。

从心态因素方面解释工作满意度的代表性学者 Smith 如此定义工作满意度："每个人关于工作所经历的好坏情绪的总和或者通过这些情绪的不平衡状态引起的一种心态。"[③] 与此类似的有 Locke 和 Henne 对工作满意

---

① 刘宗海：《现代组织管理》，首尔：朴英出版社 2000 年版。

② 郑秀珍：《组织行为论》，首尔：森禹出版社 1998 年版。

③ Smith，H. C.，*Psychology of Industrial Behavior*，N. Y.：McGraw‑Hill，1955.

度的定义："由自身的工作或工作经验评估获得的快乐或肯定的感情状态"①，此后解释，通过在工作状态下产生的对自身的工作评估造就工作满意度。韩国学者李勇圭和郑锡焕对工作满意度的定义："是指对自身工作态度的情绪性方面"②，认为对工作满意的人会对工作带有正面情绪；不满意的人会对工作带有负面情绪。

相反把工作满意度看作交易关系的学者有 McCormick 和 Tiffin，他们认为工作满意度是通过工作获取或经历的需求满足层面的函数，与需求、价值等联系在一起。③ 也就是说，需求满意程度决定工作满意度。同时，Porter 等对工作满意度的定义："实际获得的报酬超过认可的合理水平。"④ 这里所指的报酬可以分为内在报酬和外在报酬，内在报酬是组织成员在履行职责时通过挑战感、认同感、责任感、经历、机会和发展等获取的成就感，带给经历自我成就的内在工作满意度。相反，外在报酬主要由组织和上司给予的报酬，通过薪酬、晋升、工作稳定、工作环境等带给外在工作满意度。相应地，这些外在报酬和内在报酬高就意味着工作满意度高。

对于工作满意度综合考虑这两方面因素的学者 Fisher 认为，工作满意度是由情绪性因素（感情、感受）和认知性因素（信念、判断、比较）结合而成的。即，工作满意度一般定义为对自身工作的情绪性反应，但它是通过比较内在或外在标准对工作态度进行评估。⑤ 根据此定义，工作满意度是与工作本身相关的工作价值、合理的工作量、熟练程度、工作环境、薪酬和未来发展等诸多因素结合在一起形成的。即，工作满意度与工作是相连的，因此受工作自身的特性的直接影响，但同时也是与个人需求相连的感情性反映，因此也受个人特性或工作履行状态

---

① Locke, E. A., & Heene, D., *Work Motivation Theories*, London: Willey, 1986.

② 李勇圭、郑锡焕:《对公务员的工作价值观对工作满意度和组织承诺产生的影响的实证分析》,《行政汇总》2005 年第 43 卷第 1 期, 第 71—98 页。

③ McCormick, J. E., & Tiffin, *Industrial Psychology*, Englewood Cliffs: McGraw - Hill, 1974.

④ Porter, L., Lawler, E., & Hackman, J. R., *Behavior in Organization*, New York: McGraw - Hill, 1975.

⑤ Fisher, C. D., "Mood and Emotions While Working: Missing Pieces of Job Satisfaction?", *Journal of Organizational Behavior*, Vol. 21, No. 2, 2000, pp. 185 - 202.

的影响。①

　　由此可见，工作满意度不是固定的，具有根据外部因素而变化的特性，相比能力、知识或者技术更依赖于环境，因此组织成员的工作满意度水平成为评估组织约束力和整体性，还有组织管理及经营的标准。并且，国外对工作满意度的研究已经有相当长的时间了，对工作满意度最早的研究是梅奥带领的研究小组中众多专家学者展开的，他们进行了霍桑实验。实验结果表明，工作中员工之间建立起来的人际关系影响着生产效率，当员工的人际关系融洽时，生产效率就高。这表明了员工的情感状态影响着员工的工作行为。而对工作满意度真正意义上的研究是Hoppoc学者从1935年开始的。他通过研究总结出，工作满意度是员工对工作情绪的一种主观感知和对工作本身的直觉感受，也就是说，员工对工作本身、领导风格、组织结构化以及企业文化等的综合满意度感受形成了员工的工作满意度。此后，大批学者开启了对工作满意度这个课题的深入研究。在后期的学者进行研究时，他们选择的工作领域和研究对象不同，由此他们对工作满意度的定义也是不尽相同，有所出入。

　　Locker在1976年将工作满意度定义为员工在其工作中所表现出来的一种积极乐观或者愉悦的精神状态。当员工在工作中能够感觉到自在，满足，快乐时，表示他对自己的工作很满意。1977年Kalleberg认为员工在自己工作中所承担的角色的基础上，能够产生积极的感情态度，这就是工作满意度。也就是说，当员工在工作中所承担的责任有助于工作目标的实现时，就会产生积极的情绪；相反，当员工在工作目标实现的过程中显得无足轻重时，就会有消极的情绪产生。到了1986年，Prieela和Muelle又提出，衡量员工工作满意度的指标是员工对工作的喜欢程度。也就是说，如果员工对工作的喜欢程度高，那么就表示员工工作满意度高；如果员工对工作的喜欢程度低，那么就表示员工工作满意度就低。1997年Berry又把工作满意度理解为员工在工作中的一种心理反应。如果员工能够顺利完成其所承担的工作任务，就会表

---

　　① 韩仁燮：《地方公务员与地方公用企业员工的工作满意度比较》，《韩国社会与行政研究》2002年第12卷第4期，第27—41页。

现出愉快或者积极的感情；相反，如果在工作中遇到了困难，那么就会有沮丧的心理。Whitehead 和 Lindquist[1]、Wright[2] 则认为员工的一种情感或者情绪是反映员工的特定工作的标志，也是员工是否喜欢这份工作的度量，他们通过研究发现旷工、离职以及员工职业倦怠跟其工作满意度关系密切。Rothmann 和 Coetzer 创造性地将工作满意度定义为个体对实际成果的反应和个人追求所产生的反应的比较落差，即员工对工作结果的期望和工作实际达到效果的落差。Sempane 在此基础上认为工作满意度是员工对工作评价的知觉，这种直觉受到个人所处的独特环境需求、价值追求和期望的影响。继续从这一观点延伸，Spector[3] 和 Robbins 等[4] 断言说，与工作态度或情感消极的员工相比，工作态度或情感积极的员工会在其工作中表现出更高的工作满意度。也就是说态度消极的员工工作满意度低，更容易产生消极的情绪，而工作积极的员工拥有较高的工作满意度。2004 年，Statt 在其研究中谈到，工作满意度即员工在工作中获得回报的程度就是员工的工作满意度。如果员工在工作中得到的回报越大，其工作满意度就越高，得到的回报越少，其工作满意度就越低。Kim 在 2006 年谈到，员工在享有更高层次的工作满意度时，就会表现出更高的组织公民行为的水平。Humphrey、Nahrgang 以及 Morgeson 在 2007 年表示，员工的工作满意度在其工作的表现中起着重要的作用。

总体来说，员工的工作满意度影响着组织的性能。Kaliski 在 2007 年表示，工作满意度是实现个人价值感觉的重要因素，当员工实现个人价值的机会越少时，其对工作就越不满意，反之，当员工有较大的机会来实现个人的价值时，其工作满意度就会比较高。Malek 将工作环境纳入衡量员工工作满意度的重要指标，比如危险的工作环境会对员工的工作满

---

① Whitehead, J., & Lindquist, C., Correctional officer job burnout: A path model. Journal of Research in Crime and Delinquency, Vol. 23, No. 1, 1986, pp. 23 – 42.

② T. Wright, "Correctional employee turnover: A longitudinal study", *Journal of Criminal Justice*, No. 21, 1993, pp. 131 – 142.

③ Spector, P. E., *Industrial and Organizational Psychology: Research and Practice*. 3rded. New York: Wiley&Sons, 2003.

④ Robbins, S. P. Judge, T. A. Odendaal, A. Roodt, G., *Organizational Behaviour: Global and Southern African Perspectives*, 2nd ed, Cape Town: Prentice Hall, 2009.

意度产生负面的影响，而这也与辞职率呈正相关性。2008 年，Golbasi 将工作满意度理解为评估员工工作成就、办公环境以及工作生活等各方面结果的情绪反应和行为表达。Lu、Barriballb、Zhanga 和 Whileb ①觉得工作满意度反映了个人情感对他们目前工作角色占据取向。当员工工作的岗位正好是他们喜欢的时候，他们会表现出快乐积极的情绪。与此不同的是，在 Aiken、Sloane、Bruyneel、Vanden Heede 和 Sermeus②等欧洲学者看来，工作满意度是一个复杂的现象，其取决于员工对工作性质的期望。2013 年，Belias 通过研究发现，希腊银行员工的工作满意度高低水平受到诸如性别、年龄、工作经历和职位等人口统计特性的影响。Castaneda 和 Scanlan 在对工作满意度进行研究分析后，在 2014 年提出，工作满意度是一种对工作结果的情感反映，能从实际出发反映个人的期望、预计和应得。他们提出，工作满意度与工作以外的个人健康相关，例如他们的个人健康和福利，以及他们对自己和自身的价值的评价。朱宏琨 2004 年对中国 IT 行业员工的工作满意度进行了实证研究分析。他选取的样本为北京、宁波、上海等地共 244 名 IT 行业技术人员，他开发了适合中国文化情境且针对性较强的 IT 行业成员使用的工作满意度量表，较好地弥补了前人在研究量表中使用的问题，保证了研究目的的达成和研究结果的质量。③

　　孟彩 2007 年针对 IT 行业的软件工程师，在其研究中直接对工作满意度的几个构面的重要性进行了判定，研究结果显示，工作满意度构面重要性的程度依次为：个人发展（重要性比例 96.2%）、工作本身（重要性比例 96.2%）、工作回报（重要性比例 92.3 %）、工作关系（重要性比例 92.3%）、工作条件（重要性比例 84.6%）、组织环境（重要性比例 73.1%）和职业自我认同（重要性比例 72.0% ）。同时，分析的离职原因主要有：个人发展受到限制、渴望提升技术、提升职位、薪

---

①　Lu, H., Barriballb, K. L., Zhanga, X., & Whileb, A. E., Job satisfaction among hospital nurses revisited: asystemati creview. International Journal of Nursing Studies, No49, 2011.

②　Vanden Heede, K., & Sermeus, W., "Nurses' report sofworking condition sand hospital quality of careinl2 countries in Europe", *International Journal of Nursin Studies*, Vol. 50, No. 21, 2013, pp. 143–153.

③　朱宏琨：《国内 IT 员工工作满意度研究》，硕士学位论文，大连理工大学，2004 年。

资达不到预期、同事不好相处、个人发展方向受限、偏离自己职业规划等。[①]

虽然学者们的见解不同，但本书把工作满意度定义为：与中国 IT 企业组织成员的工作相关的感情状态和工作本身或周边环境联系起来的个人所持有的需求和价值，还有根据心态或信念等的水平及层次感受到的满意程度。

（二）工作满意度相关理论

工作满意度的评估标准有以下几个重点。[②]

（1）工作满意度在组织成员的层面上与生活质量相连在一起，这一点非常重要。组织成员自身的大部分时间在单位度过。所以在单位得到的满意就相当于生活满意的组成部分。从这点出发，企业组织肩负着让所有组织成员在单位获得满意的社会责任。

（2）在组织层面上，组织成员与组织关系方面感到满足时有望获得各项肯定的结果。工作满意度造就更有效的工作结果，对工作持肯定立场的人对组织形成善意的形象，在组织内部形成更加完善的人际关系，强化对组织的投入和忠诚，降低离职率和缺勤率，强化继续留在组织的意图，最终为提高工作效率起到积极作用。换言之，可以洞察员工在单位内如何表现不满，并接受和排除这些因素，制定提高组织效率的战略。

员工的满意度需要从包括对工作本身在内的对组织全方位满意的框架上进行说明和理解。工作满意度需要以业务相关满意度为中心进行测评，有必要考虑包括组织成员每个人的背景及组织特性，特别是薪酬或领导力在内的综合性因素。

（三）工作满意度测评

组织满意度概念在组织管理领域上是非常重要的概念，因此有很多研究人员对组织满意度进行研究。

截至目前，大部分关于工作满意度的研究是从员工满意度层面进行

---

① 孟彩：《IT 业软件工程师的工作满意度问卷编制和职业锚类型研究》，硕士学位论文，华南理工大学，2007 年。

② 金秀妍：《酒店领导力的组织有效性研究》，硕士学位论文，韩国京畿大学，2010 年。

的，与组织满意度概念一起以组织满意度、组织承诺、生活满意度、组织效率等为主体进行研究。以工作满意度为题目进行的诸多研究中，工作满意度的次要构成要素因人而异。举例来说，韩国学者白景儿把工作满意度以组织满意度、报酬满意度、离职意向作为因素分析进行测评，[①]韩国学者全武景和李基恩以工作满意度和领导满意度进行测评，[②] 金宇成通过工作满意度和组织承诺测评组织满意度，[③] 崔仁凡和李明珍以工作满意度和离职意向进行测评。[④]

吴世镇等学者的研究把一直以来构成工作满意度的层面——工作本质、监督、薪酬、晋升、人际关系、工作环境、培训、福利、激励等看作影响整体工作满意度的因素，并考察这些对整体组织满意度及工作满意度起到的影响。[⑤] 李相弼使用单位满意度的概念代替工作满意度的概念，并把它分为组织满意度、薪酬满意度、人际关系满意度（与上司的垂直人际关系，与同事的水平人际关系）进行研究。[⑥] 这里所指的人际关系满意度是在履行工作的过程中，通过团队协作能够感受到的个人和组织整体性的主观态度，与上司的人际关系满意度定义为："对下属接受上司的权限，上司采纳下属意见的垂直关系的满意度"。

二　组织承诺

（一）组织承诺的概念与定义

组织承诺（Organizational Commitment）最早是由 Etzioni 在说明组织方向和雇主行为时提出的。组织承诺是对承诺（Commitment）的组织行

---

① 白景儿：《CEO 沟通活动对组织成员的沟通满足和组织满足的影响》，硕士学位论文，韩国高丽大学，2009 年。

② 全武景、李基恩：《风投企业最高经营者的变革型交易型领导对组织满意度的影响》，《韩国企业经营研究》2010 年第 17 卷第 3 期，第 159—171 页。

③ 金宇成：《体育女性成员的性别角色认同与组织满意度的关系》，生活体育研究所论文集，2001 年。

④ 崔仁凡、李明珍：《体育中心的文化特征对女性成员的组织满意度影响》，《韩国体育学会志》2000 年第 39 卷第 3 期，第 244—253 页。

⑤ 吴世镇、林荣植、梁炳华：《组织满意度测评模型验证研究：以工厂工人的满意度因素为中心》，《韩国心理学会志：产业及组织》1996 年第 9 卷第 1 期，第 1—24 页。

⑥ 李相弼：《适用年薪制的薪酬公平性及工作满意度差异研究》，硕士学位论文，韩国诚信女子大学，2003 年。

为论用语，有许多学者从多种观点出发进行研究。同时，对组织承诺的概念或定义也是多种多样的。

Mowday 等①和 Morrow② 提出了组织承诺的三因素模型。三个因素分别为：员工对组织目标和价值强烈的认同及接受，甘愿为组织付出努力的意识，想维持组织成员资格的强烈需求。Buchanan③ 把组织承诺看作个人和组织间的结合形态，并提出认同、参与、忠诚等为组成因素。认同意味着员工把组织的目标和价值接受成自己的，参与意味着个人全身心投入到履行个人职责，忠诚意味着对组织的热爱。

组织承诺的定义从组织行为论出发，由社会学研究途径和心理学研究途径两个观点进行研究。代表性的研究有 Hrebiniak 和 Alluto④ 的研究。他们结合社会学研究途径的代表性学者 March 和 Simon 的贡献与引导均衡理论和 Becker 的单方投入（side‐bets）理论，把组织承诺定义为即使有更高的薪酬或地位，增加专属自由，有比现在更加友好的同事，也不会离开组织的意向。⑤ Kanter 从心理学观点出发，把组织承诺定义为为了组织付出努力和忠诚的意向，⑥ Sheldon 把组织承诺定义为想把个人的整体与组织联系在一起的态度。⑦ Porter 等学者定义为为了组织倾注大量努力的员工意向，想留在组织的强烈欲望，还有接受组织重要的目的及价值观，⑧ Buchanan 把组织承诺定义为员工对组织目标及价值观，与组织目标

① Mowday, R. T., L. W. Porter, and R. M. Steers, *Employee Organization Linkages: The Psychology of Commitment Absenteeism, and Turnover*, New York: Academic Press, 1982.

② Morrow, P. C., "Concept Redundancy in Organizational Research: the Case of Work Commitment", *Academy of Management Review*, Vol. 8, No. 1, 1983, pp. 121 – 144.

③ Buchanan, B., "Building Organizational Commitment: The Socialization of Manager in Work Organization", *Administrative Science Quarterly*, Vol. 19, No. 4, 1974, pp. 533 – 546.

④ Hrebiniak, L. G. & Alluto, J. A., "Personnel and Role Related Factors in the Development of Organizational Commitment", *Administrative Science Quarterly*, No. 17, 1972, pp. 555 – 573.

⑤ March, J. G. & H. A. Simon, *Organization*, N. Y.: John Willy & Sons, 1967.

⑥ Kanter, R. M., "Commitment and Socialization", *American Socialization Review*, No. 33, 1968, pp. 499 – 517.

⑦ Sheldon, M. E., "Investment and Involvement as Mechanism Producing Commitment to the Organization", *Administrative Science Quarterly*, 1971, pp. 143 – 148.

⑧ Porter, L. W., R. M. Steers, R. T. Mowday, & P. V. Boulian, "Organizational Commitment, Job Satisfaction and Turnover among Psychiatric Technicians", *Journal of Applied Psychology*, 1974, pp. 603 – 609.

及价值观相关的组织的作用，还有对组织本身的强烈的热爱。[1] Porter 等学者从与 Buchanan 的研究结果类似的观点出发，把组织承诺定义为个人对组织的认同和参与的相对强度，提出的组成因素有象征接受组织的目的和价值观的强烈信念的认同感，象征为组织努力的忠诚，还有非常想长期留在组织继续工作的欲望。另一方面 Lyman 使用对组织追求的目标或价值的强烈认同和接受，为组织努力工作的意识，想要作为组织成员留下来的强烈欲望三要素所拥有的概念定义组织承诺。[2]

（二）组织承诺的类型

研究人员根据组织承诺的组成因素细分其类型，这些细分的目的是出于更加细致地去研究组织成员的态度和行为、心理状态，寻求相容度的必要性。研究人员通过以下观点阐明对组织承诺形式的见解。Steers[3] 把它区分为消极承诺（passive commitment）和积极承诺（active commitment）。进一步说明，消极承诺是没有实际行动只是停留在忠诚的态度形式，积极承诺是为了组织，组织成员们行动起来的层面。[4] Kanter 把组织承诺当作社会行为者为了组织而付出努力、献出忠诚的意识，并分为长期工作、凝聚力、承诺管理三种形式。[5]（见表3—4）

Allen 和 Meyer 把组织承诺形式分为情感承诺、持续承诺、规范承诺。[6]

（1）情感承诺，意味着反映组织成员对组织所持有的感性的感受、肯定的共识、很高的参与意识的精神状态，可以说是员工的忠诚度、善

---

[1] Buchanan, B., "Building Organizational Commitment: The Socialization of Manager in Work Organization", *Administrative Science Quarterly*, Vol. 19, No. 4, 1974, pp. 533 – 546.

[2] Lyman, W. P., "The Etiology of Organizational Commitment: A Longitudinal Study of Initial-Stages ofEmployee – Organization Relationship", *Administrative Science Quarterly*, No. 19, 1974, pp. 533 – 549.

[3] Steers, R. M., "Antecedents and Outcomes of Organizational Commitment", *Administrative science Quarterly*, Vol. 22, No. 1, 1977, pp. 46 – 56.

[4] Mowday, R. T., L. W. Porter, and R. M. Steers, *Employee Organization Linkages: The Psychology of Commitment Absenteeism, and Turnover*, New York, Academic Press, 1982.

[5] Kanter, R. M., "Commitment and Socialization", *American Socialization Review*, No. 33, 1968, pp. 499 – 517.

[6] Allen, N. J. & Meyer, J. P., "The Measurement and Antecedents of Affective, Continuance, and Normative Commitment to the Organization", *Journal of Occupational Psychology*, No. 63, 1990, pp. 1 – 18.

意、温馨、归属感、亲情、幸福感、快乐等个人从情感上感受到的对组织的心理热爱程度。[①] 情感承诺对组织成果有肯定的影响，但维持性承诺有付出最小限度努力的倾向，所以对组织成果有时会产生否定的影响。[②]

（2）持续承诺是指因为组织给予的报酬而希望留在组织内为形式的一种承诺。持续承诺是因考虑到离开组织造成的个人损失（工作薪酬、未使用带薪年假、不能转让的退休基金等）而留在组织内的目的是为自己打算的这种心理状态。

（3）规范承诺反映的是员工对继续留在组织的义务感。规范承诺可以说是道德性义务感，与持续承诺是相对应的，与个人在组织内的满意度无关，认为在组织内在职是正确的一种信念，可以说是对公司的忠诚，认为应该诚心诚意履行义务的一种内在价值观。即，理解组织的目标，相信为了达成目标应该付出自己的努力，由这种义务感形成的承诺状态。可以说这种规范承诺是在成为组织成员之前或之后，通过个人经历或学习或者受他人影响形成的现象。

表3—4   不同学者对不同组织承诺类型给予的定义

研究人员	类型	定义
Etzioni（1961）	道德的投入	基于组织目标和价值观内涵的正面趋势
	计算的投入	基于利益（benefits）和回报（rewards）的合理性交换关系的低倾向。
	疏离的投入	见于剥削关系的负面趋势
Kanter（1968）	继续承诺	对比为组织投入的努力和牺牲，离开组织的代价更大或不可能的状态下为组织成功付出努力
	凝聚承诺	因为强化团体凝聚力的意识或社会纽带关系影响下的放弃等对组织抱有的社会性关爱
	管理承诺	从组织价值观的观点出发，按照过去的规范或自我概念，试图把行为引向正确方向的对组织规范的热爱

[①] Jaros, S. J., Jermier, J. M., Koehier, J. W. and Sincich, T., "Effects of Continuance, Affective, and Moral Commitment on the withdrawal Process: An Evaluation of Eight Structural Equation Models", *Academy of Management Journal*, Vol. 36, No. 5, 1993, pp. 951 – 995.

[②] 黄吉周：《关于变革型领导对组织承诺与组织公民行为影响的研究》，硕士学位论文，韩国高丽大学，2007 年。

研究人员	类型	定义
Staw & Salansik（1977）	态度性承诺	多种因素引起的与组织强烈的认同感或对组织的迷恋
	行为性承诺	被投资于组织的沉没成本约束的状态
Angle & Pery（1981）	持续承诺	成员希望要留在组织的需求
	价值承诺	组织成员对组织充满自豪，善于利用组织目标，并为组织献身并努力，有这样意向的状态
Mowday，Porter，& Steers（1982）	认同感	对组织追求的目标或价值具有强烈的信任和热爱
	热爱	希望为组织尽一份力的意向
	继续工作	希望继续以组织成员留下来的强烈需求
Eisenberger（1986）	算计性承诺	作为组织成员从组织获得的物质性、社会性报酬的代价，为组织提供忠诚和努力
	情感性承诺	以对组织的情感性联系为观点进行考察，希望要留在组织的期望
Meyer & Allen（1991）	情感承诺	组织成员对组织的感情热爱、组织认同感
	持续承诺	组织员工离开组织所带来的损失造成的一种承诺
	规范承诺	继续留在组织的义务感引起的期望留在组织的态度

资料来源：Meyer, John P. , Irving, P. Gregory & Allen, Natalie J. , "Examination of the Combined Effects of Work Values and Early Work Experiences on Organizational Commitment", *Journal of Organizational Behavior*, Vol. 19, No. 1, 1998, pp. 29 – 52.

（三）与组织承诺相关的前期研究

组织承诺一直用于说明组织内成员行为的变量。组织承诺被认为是理解组织成员心理状态的重要概念，在心理学、政治学、管理学等多个领域对组织承诺都有研究。与此相关的是韩国学者申贤号阐明过的，对组织承诺概念的定义都有些许差异，这是因为研究人员根据研究目的的不同，制定的定义都有区别。[①]

组织承诺显示的是与组织效率有密切关系的组织成员对组织的行为

---

① 申贤浩：《领导的领导力与组织公平性、组织有效性、组织公民行为、服务成果间的关系》，博士学位论文，韩国岭南大学，2007 年。

特性，最近对组织行为研究者和使用者而言，组织承诺可以作为提高目标绩效和维持组织成员的有效手段而备受关注。从这点出发 Steers 对组织承诺备受组织行为研究学者或经营企业的经营者关注的原因提出了如下三点：

第一，组织承诺可以更好地说明组织成员的离职率；

第二，组织成员的组织承诺越高，越有可能创造出更好的结果；

第三，组织承诺可以成为测评组织效率的有效指标。[1]

对组织承诺产生影响的因素有：个人因素、职务相关因素、组织特性因素，具体如公式化、以人为本的组织特性等组织文化和管理结构、管理者的领导力、报酬、晋升、公共福利、资源的不相容性等原因为重要因素。

Steers 以医院员工、科学家、技术人员为对象，把影响组织承诺的前项变量和结果变量的关系模型化后进行研究，其中以个人特性、工作特性、工作经验三项变量为组织承诺的先行变量。[2] 对于提高组织成员的组织承诺方案，Mowday 等[3]，Alexanderman 和 Ruderman，[4] McFarlin 和 Sweeney[5] 等学者主张组织公平，Williams 和 Harzer[6]，Aranya 等[7]提出工作满意度。Dunham 等学者阐明：任务重要性、任务完整性、自主性、技能多样性、工作反馈等变量为情感承诺的先行变量；组织依赖性、参

① 公文淑：《不同雇佣形式的组织承诺与离职意向的差异研究》，硕士学位论文，韩国诚信女子大学，2002 年。

② Steers, R. M. , "Antecedents and Outcomes of Organizational Commitment", *Administrative science Quarterly*, Vol. 22, No. 1, 1977, pp. 46 – 56.

③ Mowday, R. T. , "The regression – analog to survival analysis: A selected application to turnover reseach", *Academy of Management Journal*, Vol. 36, No. 3, 1993, pp. 1430 – 1464.

④ Alexanderman, S. and Ruderman, M. , "The Role of Procedural and Distributive Justice in Organizational Behavior", *Social Justice Research*, Vol. 1, No. 2, 1987, pp. 177 – 198.

⑤ McFarlin, D. B. & Sweeney, P. D. , "Distributive and Procedural Justice As Predictors of Satisfaction With Personal and Organizational Outcomes", *Academy of Management Journal*, Vol. 35, No. 3, 1992, pp. 626 – 637.

⑥ Williams, L. J. and Harzer, J. T. , "Antecedents and Consequences of Satisfaction and Commitment in turnover Models: A Reanalysis Using Latent Variable Structural Equation Methods", *Journal of Applied Psychology*, No. 71, 1986, pp. 219 – 231.

⑦ Aranya, N. , Kushnir, T. , and Valency, A. , "Organizational Commitment in a Male – dominated Profession", *Human Relation*, No. 39, 1986, pp. 433 – 448.

与式管理等变量为规范承诺的先行变量；年龄、工作年限、经历、满意度、主动离职意向等变量为影响持续承诺的变量。[①]

Greenberg[②] 和 Moorman[③] 主张组织公平性影响组织承诺。即，对决定薪酬程序的公平性认知，单独影响组织承诺和对上司的信任，分配公平性影响薪酬满意度。Fryxell 和 Gordon[④]、Folger 和 Konovsky[⑤] 的研究结果也阐明薪酬满意度影响分配公平性，组织承诺及上司信任与程序公平性有密切的关系。McFarlin 和 Sweeney 的研究也表明，程序公平性和分配公平性都对组织承诺产生显著的影响，程序公平性对于组织承诺及对上司的评价等组织成果变量的影响更大；分配公平性对于如薪酬满意度等的个人结果变量的影响更大。[⑥]

三　组织公民行为

（一）组织公民行为的概念定义

关于组织公民行为有很多前期研究。针对私人企业或社会福利机构进行的研究相对较多，但最近针对公共机构或公共组织的研究呈现出逐渐增多的趋势。在这里要分析的是对组织公民行为的概念及组成因素等的前期研究结果。

组织为了更有效地履行自身的功能，合理分配组织成员之间职责和权限等结构性方面非常重要。但是只靠整顿职责或权限分配等结构方面

---

① Dunham, R. B., Grude, J. A., and Castaneda, M. B., "Organizational Commitment: The U-tility of an Integrative Definition", *Journal of Applied Psychology*, Vol. 79, No. 3, 1994, pp. 370 – 380.

② Greenberg, J., "Looking Fair vs. Being Fair: Managing Impression of Organizational Justice", in B. M. Staw and L. L. Cummings (eds.), Research in Organization Behavior, Vol. 12, Greenwich, CT: JAI Press, 1990, pp. 111 – 157.

③ Moorman, R. H., "Relationship between Organizational Justice and Organizational Citizenship Behaviors: Do Fairness Perceptions Influence Employee Citizenship", *Journal of Applied Psychology*, No. 76, 1991, pp. 845 – 855.

④ Fryxell, G. E. & M. E. Gordon, "Workplace Justice and Job Satisfaction as Predictors of Satis-faction with Union and Management", *Academy of Management Journal*, No. 32, 1989, pp. 851 – 866.

⑤ Folger, R. & Konovsky, M. A., "Effects of Procedural and Distributive Justice on Reactions to Pay Raise Decisions", *Academy of Management Journal*, No. 32, 1989, pp. 115 – 130.

⑥ McFarlin, D. B. & Sweeney, P. D., "Distributive and Procedural Justice As Predictors of Sat-isfaction With Personal and Organizational Outcomes", *Academy of Management Journal*, Vol. 35, No. 3, 1992, pp. 626 – 637.

并不能够保证组织的生存或发展。因此，对不局限于结构性职责或权限的组织成员们的自律性相互协作活动和行为的关注不断增多。把这些问题意识系统整理的学者就是 Katz①。Katz 把组织有效运转所必需的人为因素，即组织成员们的行为整理成三个范畴：

第一，组织成员参与组织并持续活跃；

第二，把具体职责通过可信赖的方式履行；

第三，积极参与超出规定职责范围的创意性和自主性活动。类似的有 Barnard② 以 "合作的意识" 为意义强调主动行为。

Organ③ 把组织公民行为概念定义为："没有通过正式的报酬体系直接或明确承认的个人的自发行为，是个人的自由选择，有效提高组织功能的行为。"④ 还有 Bateman 和 Organ 对组织公民行为的定义是：不以不作为为处罚理由，是没有通过训练的个人的自发行为，是超出工作说明里明确的部分。⑤ 但是 Van Dyne 等学者指出，Organ 对组织公民行为的定义没有提出区分传统的角色内绩效与角色外绩效的明确标准，反而让研究人员陷入混乱，并指出应把组织公民行为广泛定义为对组织有益的所有行为。⑥ 因此，Vey、Campbell⑦ 以 Van Dyne 等学者的批判为基础，通过实证分析确认人们对组织公民行为的角色内行为和角色外行为的认可是哪一个，其结果表明，人们认为组织公民行为包括角色内行为和角色外

① Katz, D., "The Motivational Basis of Organizational Behavior", *Behavioral Science*, Vol. 9, No. 2, 1967, pp. 131 – 146.

② Barnard, C. I., *The Functions of the Executive*, Cambridge, M. A.: Harvard University Press, 1938.

③ Organ, D. W., *Organizational Citizenship Behavior: The "Good Soldier" Syndrome*, Lexington, M. A.: Lexington Book, 1988.

④ Podsakoff, P. M., MacKenzie, S. B., Paine, J. B., and Bachrach, D. G., "Organizational Citizenship Behaviors: A Critical Review of the Theoretical and Empirical Literature and Suggestions for Future Research", *Journal of Management*, No. 26, 2000, pp. 513 – 563.

⑤ Bateman, T. S., & Organ, D. W., "Job Satisfaction and the Good Soldier: The Relationship between Affect and Employee Citizenship", *Academy of Management Journal*, No. 26, 1983, pp. 587 – 595.

⑥ Van Dyne, L. Graham, J. W. & Dienesch, R. M., "Organizational Citizenship Behavior: It's Nature and Antecedents", *Journal of Applied Psychology*, No. 68, 1994, pp. 653 – 663.

⑦ Vey, M. A. and J. P. Campbell, 2004, "In – role or Extra – role Organizational Citizenship Behavior: Which Are We Measuring?", *Human Performance*, Vol. 17, No. 1, 2004, pp. 119 – 135.

行为。

Borman 把组织公民行为定义为：虽然与核心任务活动没有直接关系，但在达成任务目标过程中起到重要的促进作用，所以是非常重要的行为，同时指出，组织公民行为与角色内行为有一定的区分。[①] 如果组织公民行为是角色内行为，应该形成客观的组织公民行为评估。还有根据职务特性组织公民行为应有所差异。但是很难把组织公民行为看作具备高度专业性或必要的自我牺牲精神的行为。即使如此，人们还是把组织公民行为当作自己的角色内行为，这说明他们还是认为圆满完成任务并达成目标是必要的部分。在中国，为了完成工作，下班以后还留在公司完成工作的行为被认为是理所当然的。不是因为工作时间处理私事或偷懒造成的，而是在工作时间即使尽了全力，但为了完成工作还是需要加班，这种现象是非常普遍的，所以更多情况是把加班看作角色内行为而不是角色外行为。但是，组织公民行为不是因为不可避免的条件或状况下履行的，而是根据自身的主动努力进行的，以此特性为标准进行判断时应该划归角色外行为更恰当。

与组织公民行为一起，为了提高组织效率的主动行为还有亲社会行为和组织自发性两个概念。Brief 和 Motowidlo[②] 对亲社会组织行为（prosocial organizational behavior）提出三个特性。[③] 第一，行为主体为组织成员；第二，在组织内履行角色的同时以个人、团队或组织为对象；第三，以成为对象的个人或团队还有组织的福利提高为目标的行为。组织自发性（organizational spontaneity）的概念是由 Katz[④] 的主张提出的，他曾通过描述：（1）帮助同事的行为；（2）从事故隐患保护组织的行为；（3）建设性建议行为；（4）自我开发行为；（5）宣传公司优点的行为等促进组织

---

① Borman, W. C., "The Concept of Organizational Citizenship", *Current Directions in Psychological Science*, Vol. 13, No. 6, 2004, pp. 238 – 241.

② Brief, Stephan J. Motowidlo, *The Academy of Management Review*, Vol. 11, No. 4 (Oct., 1986), pp. 710 – 725.

③ Motowidlo, S. J., "Some Basic Issues Related to Contextual Performance and Organizational Citzenship Behavior in Human Resource Management", *Human Resource Management Review*, Vol. 10, No. 1, 2000, pp. 115 – 126.

④ Katz, D., "The Motivational Basis of Organizational Behavior", *Behavioral Science*, Vol. 9, No. 2, 1967, pp. 131 – 146.

达成目标的作用，提出以上没有具体化的五点行为为自发性行为。①

组织公民行为和亲社会行为还有组织自发性的概念都有相似的地方，同时也存在一定的差异（见表 3—5）。

表 3—5　　　　组织公民行为、亲社会行为、组织自发性的差异

行为方面	主要概念		
	组织公民行为	亲社会行为	组织自发性
对组织的作用	包括正向功能行为	包括正向和负向功能	包括正向功能行为
作用的特点	包括阐述的行为和角色外行为	包括阐述的行为和角色外行为	只包括角色外行为
财务性奖励的可能性	没有通过正式的奖励体系获得认可	通过正式的奖励体系获得认可	通过正式的奖励体系获得认可
主动 - 被动	包括主动、被动行为	包括主动、被动行为	只包括主动行为

资料来源：J. M. George & A. P. Brief, "Feeling Good – doing Good：A Conceptual Analysis of the Mood at Work – organizational Spontaeity Relationship", *Psychological Bulletin*, Vol. 112, No. 2, 2002, pp. 310 – 329.

第一，组织公民行为和组织自发性只包括对组织起积极作用的，但亲社会行为对社会是积极的，但也包括对组织否定的行为。

第二，组织公民行为和亲社会行为只包括履行自己职责的行为，但组织自发性一般只包括没有规定的职责外的行为。

第三，有偿奖励问题上，亲社会行为和组织自发性包括有偿奖励，但组织公民行为排除通过正式的奖励体系给予有偿奖励。

第四，组织自发性只强调有助于组织的职责外的行为，只包括主动行为，但亲社会行为或组织公民行为不仅包括主动行为还包括被动行为，这些都是各用语之间存在的差异。

亲社会行为强调的不是组织成员的立场而是作为社会成员的责任感，

---

① 郑忠荣：《为什么是仆人式领导力？：以耶稣的领导力为中心》，《理性经营研究》2006年第 4 卷第 2 期，第 1—23 页。

因此，站在组织角度上有时可以说是比较顾忌的行为。从社会正义角度出发，亲社会行为是更为有效和必要的行为，但从组织角度出发有可能对组织生存带来威胁。还有亲社会行为的概念太过融通，因此很难界定哪些行为是亲社会行为。组织自发性强调的是组织成员为了组织更加主动的最大限度发挥自己的能力，对组织产生积极影响。但是这些概念存在，有时会为了组织强迫个人要求牺牲的现实问题。相反，组织公民行为的概念包括所有组织成员个人为了提高组织效率主动参与的主动、被动行为，在个人层面还是组织层面上都受到极大关注的部分。所以最近的研究倾向以组织公民行为为主。

对于以上讨论的组织公民行为，本书定义为中国 IT 企业组织成员在不需要特别的技术和不使用太多的时间也可以帮助组织的有效运转的自发性角色外行为，并进行研究。

（二）组织公民行为的组成因素

随着关于组织公民行为研究的发展，关于组织公民行为组成因素的讨论也在一起发展。但是，组织公民行为的组成因素随着对组织公民行为研究的活跃呈现出多样化的趋势。据 Podsakoff 等对组织公民行为进行的前期研究结果表明，组织公民行为的组成因素多达 30 余种。[1] 每个研究人员为了有效达成自己的研究目的，当然可以自行设定测评组织公民行为的指标和组成因素，但是过多的组成因素具有阻碍研究的一致性，对比困难等缺点。因此，最好把组织公民行为的组成因素局限在几个范围内。组织公民行为的组成因素中 Organ[2] 提出的五点最具代表性。具体内容如下。

1. 利他行为（Altruism）

利他行为（Altruism）是指，如帮助陷于大业务量困境的同事或代替处理缺勤员工的业务一样，对于有关组织的业务或问题抽出自己的业余时间帮助同事的直接和有意的自发行为。这种利他行为能提高组织的协

① Podsakoff, P. M., MacKenzie, S. B., Paine, J. B., and Bachrach, D. G., "Organizational Citizenship Behaviors: A Critical Review of the Theoretical and Empirical Literature and Suggestions for Future Research", *Journal of Management*, No. 26, 2000, pp. 513 – 563.

② Organ, D. W., *Organizational Citizenship Behavior: The "Good Soldier" Syndrome*, Lexington, MA: Lexington Book, 1988.

作能力，整体上有助于把组织的资源投入有创新的地方，起到增加组织效率的作用。

2. 谦恭有礼（Courtesy）

谦恭有礼（Courtesy）是通过同事间的有效沟通，提前共享信息，提前预防有可能发生的问题。例如，对重要事实的通气、提供信息、沟通等属于此范畴。如果说谦恭有礼的行为是通过信息共享提前预防问题的自发行为，那么利他行为是问题表面化以后帮助同事的事后行为。

3. 运动员精神（Sportsmanship）

运动员精神（Sportsmanship）指的是对组织内发生的轻微的不便或不满，忍耐并沉默的行为。组织成员在工作时间或工作以外时间对同事或外部经常吐露对自己工作组织的不满时，不仅是个人，还会降低整个组织的效率。特别是因为个别人持续提出对组织的抱怨或不满时，不仅妨碍同事间的合作行为，还会影响业务协作的顺利进行。因此，即使是微不足道的不满，反复、持续提出是对组织有害的。所以，组织成员为了顺利完成同事间的业务合作等，有必要控制抱怨，控制把问题扩大化等行为。运动员精神，与其说是组织成员之间相互直接合作的行为，不如说是强调正面影响营造能够合作的氛围。

4. 公民道德（Civic virtue）

公民道德（Civic virtue）指的是，组织成员为了组织变化或提高形象，积极参与聚会或付出努力的行为。组织为了适应环境变化必须要不断进行变革。但是组织的变化不能只靠组织层面的努力就能达成。需要组织成员们遵从组织变化，自发地积极参与组织变化和发展时，组织的变化才能得出成果。所以组织为了适应环境变化，持续发展，有必要强调组织成员的公民道德。

5. 尽责行为（Conscientiousness）

尽责行为（Conscientiousness）指的是，不局限于个人或团体，而是有益于组织的行为，超越基本职责要求的自发行为。举例来说，遵守午餐时间或休息时间，不空岗，严格遵守时间的行为。尽责行为与利他行为的具体帮助同事或新员工不同，是间接有助于组织的行为。

此外 Podsakoff 等对组织公民行为的子组成因素再次整理为：助人行为（Helping Behavior）、运动员精神（Sportsmanship）、组织忠诚（Organizational Loyalty)、组织遵从（Organizational Compliance）、个人主动性（Individual Initiative）、公民道德（Civic Virtue）、自我发展（Self Development）七项行为。[1]

（1）助人行为是帮助同事，避免组织内发生与职责相关问题的效果；

（2）运动员精神是对于不可避免的状况下发生的事情，不轻易表达不满意和抱怨的行为；

（3）组织忠诚是对外拥护、爱护组织的自发行为；

（4）组织遵从是表现出的尽量接受组织的规定或流程等意识的行为；

（5）个人主动性代表的是至少完成职责要求以上义务的行为；

（6）公民道德是参与组织活动，抱有责任感的自发行为；

（7）自我发展行为是为了提高自己的知识和技术，还有能力的自发行为。

Williams 和 Anderson[2] 把组织公民行为分为整体上利于组织的公民行为（Organizational Citizenship Behavior Organization，OCBO）和有利于个人的公民行为，[3] 通过这个间接贡献于组织的行为（Organizational Citizenship Behavior Organization，OCBO）。其与 Organ 的子因素相对比时，OCBI 为利他行为和谦恭有礼，OCBO 为尽责行为、公民道德、运动员精神。结果是 Williams 和 Anderson[4] 对组织公民行为的区分与 Organ 的子因素没有明显的差异，只能说是为分析提供便利。还有与组织公民行为分为合作行为和遵从行为的初期理论也没有太多的差异。

Van Dyne 等学者提出的组织公民行为的组成因素为：组织遵从、组

---

[1] Podsakoff, P. M., MacKenzie, S. B., Paine, J. B., and Bachrach, D. G., "Organizational Citizenship Behaviors: A Critical Review of the Theoretical and Empirical Literature and Suggestions for Future Research", *Journal of Management*, No. 26, 2000, pp. 513 – 563.

[2] Williams, L. J., & Anderson, S. E., "Job Satisfaction and Organizational Commitment as Predictors of Organizational Citizenship and In – Role Behaviors", *Journal of Management*, No. 91, 1991, pp. 601 – 617.

[3] Williams, S., Pitre, R. & Zainuba, M., "Justice and Organizational Citizenship Behavior Intentions: Fair Rewards Versus Fair Treament", *The Journal of Social Psychology*, Vol. 142, No. 1, 2002, pp. 33 – 44.

[4] Williams, L. J., & Anderson, S. E,. Job Satisfaction and Organizational Commitment as Predictors of Organizational Citizenship and In – Role Behaviors. Journal of Management, No. 91, 1991, pp. 601 – 617.

织忠诚和组织参与。① 组织遵从是指人们对组织的结构或人事政策进行合理的判断时，接受认为有必要的规则或规定等的行为，组织忠诚是指人们超越个人或团体或者部门的次要利益，对组织的领导或组织整体利益忠诚的行为。组织参与是指对组织工作感兴趣，积极参与各项活动，与他人积极分享新的创意和意见的行为。他们以政治理论为背景规定组织公民行为的概念，因此，组织公民行为的子因素也是从政治背景中选择。即，作为民主社会的公民必须以归属感、权利意识、责任感为社会发展做出贡献，组织成员也应该以作为组织成员为组织的发展付出努力。因此，作为组织成员必备的资格或品德，强调了遵从、忠诚、参与。但是在组织层面上，组织公民行为重要的原因是因为组织成员的自发性合作行为有效增加组织效率。但是他们过多的在政治背景下分析组织公民行为，忽视了组织背景下组织公民行为起到的作用。

Paille 提出，把 Organ② 提出的组织公民行为的子因素适用于其他国家时，有必要考虑文化背景等因素，分析是否有相同的认知③。所以 Paille 对法国是如何认知组织公民行为的子因素进行实证分析。其结果表明，Organ 提出的组织公民行为的子因素中，除了尽责行为以外，其他 4 个因素同样适用。

由此可知，以上提出的组织公民行为的子因素有很多部分基本上是重复的。所以研究组织公民行为的学者们根据研究目的选择多种子因素。但是测评一个潜在因素时，注意避免过于复杂或测评因素之间发生重叠，并注意主要组成部分没有省略。考虑这些标准和分析对象是公共组织，综合前期研究选择组织公民行为的子因素如下：组织成员之间自发的合作行为、利他行为和谦恭有礼；以提高组织形象为目标的公民道德；超越职责要求的尽责行为，对于不可避免的不便事项表现出忍耐的运动员精神。所

---

① Van Dyne, L. Graham, J. W. & Dienesch, R. M. , "Organizational Citizenship Behavior: It's Nature and Antecedents", *Journal of Applied Psychology*, No. 68, 1994, pp. 653 – 663.

② Organ, D. W. , *Organizational Citizenship Behavior: The "Good Soldier" Syndrome*, Lexington, MA: Lexington Book, 1988.

③ Paille, P. , "Assessing Organizational Citizenship Behavior in the French Context: Evidence for the Four – Dimensional Model", *The Journal of Psychology*, Vol. 143, No. 2, 2009, pp. 133 – 146.

以，本书以 Organ① 提出的五因素为中心测评组织公民行为。

（三）关于组织公民行为的前期研究

对于组织公民行为的研究中弄清先行因素的研究占多数。韩国学者尹荣彩和李光顺把组织公民行为的影响因素分为个人特性层面、工作特性层面、组织特性层面、领导力行为层面四个范畴。② 个人特性层面包括工作满意度、公平性、组织承诺、对领导的信赖等；工作特性层面包括工作反馈、工作日常化、内在奖励工作。组织特性层面包括组织程序化、组织刚性、提供咨询/参谋、团队凝聚力、组织支持等，领导力行为层面包括变革型领导、交易型领导、领导者—成员交换等。Podsakoff 等提出的组织公民行为的先行因素为：肯定的工作态度、工作特性、领导力行为。对于组织公民行为的先行因素研究也在这些框架内进行。③

分析对组织公民行为影响因素的研究倾向时发现，前期研究基本以个人特性层面研究为主。其理由首先与关注组织公民行为的起源有关。早期组织学者们的大部分关注对象是工作满意度对工作结果起到的影响部分。理论上的预计是工作满意度越高工作结果越出色，但是实证分析结果表明，工作满意度对工作结果有显著的正面关系，但是其相互作用对比期望值还是相对薄弱。④ 所以，无法通过正式的工作结果捕捉到工作满意度，但是可能会影响有助于有效经营的多种行为的假设下，开始关注组织公民行为。因此，对组织公民行为的影响因素研究基本从个人特性层面开始研究，此后成为倾向于关注个人层面变量的契机。其次，因为组织公民行为是个人层面的变量，所以测评、分析和理论化个人层面的承诺或满意度成为优先关注的对象。（见表3—6）

_____

① Organ，D. W.，*Organizational Citizenship Behavior*：The "*Good Soldier*" *Syndrome*，Lexington，MA：Lexington Book，1988.

② 尹荣彩、李光顺：《对组织公民行为的先行因素与成果评价的影响》，《行政论文集》2009 年第 47 卷第 1 期，第 209—232 页。

③ Podsakoff，P. M.，MacKenzie，S. B.，Paine，J. B.，and Bachrach，D. G.，"Organizational Citizenship Behaviors：A Critical Review of the Theoretical and Empirical Literature and Suggestions for Future Research"，*Journal of Management*，No. 26，2000，pp. 513 – 563.

④ Borman，W. C.，Penner，L. A.，Allen，T. D.，& Motowidlo，S. J.，"Personality Predictors of Citizenship Performance"，*International Journal of Selection and Assessment*，Vol. 9，No. 1，2001，pp. 52 – 69.

表 3—6   组织公民行为影响因素的研究倾向

区分	变量	研究者
个人特性层面	工作满意度，组织承诺，公平性	Lapierre 和 Hackett（2007），Moorman, Blakely, & Niehoff（1998），Nguni, Sleegers, & Denessen（2006），Niehofff & Moorman（1993），Organ & Lingl（1995），Williams, Pitre, & Zainuba（2002），金浩俊（2007），朴贤泰、江宗成、金兴英（2009），朴英国（2009），朴哲民、金大元（2004），白景惠（2009），西任德、李渊兴（2006），孙戍、朴顺勇（2008），吴硕峰（2001），吴仕允、阵焕灿（2006），尹英灿、李光顺（2009），李东成、朴慧西（2008），李响（2008），朱贤值、尹承宪、金华景（2007），郑云基、李玖慢（2000），韩晋焕（2006）
工作特性层面	工作挑战性，工作意义的重要性	Chen & Chiu（2009），Purvanova, Bono, & Dzieweczynski（2006），朱贤值、尹承宪、金华景（2007）
组织特性层面	组织支持认识，组织文化	Hopkins（2002），Lapierre & Hackett（2007），西任德、李渊兴（2006）
领导力行为层面	LMX 关系变革式领导力交易型领导力领导者—成员交换	Hopkins（2002），Moorman, Blakely, & Niehoff（1998），Nguni, Sleegers, & Denessen（2006），Niehofff & Moorman（1993），Purvanova, Bono, & Dzieweczynski（2006），金江石、袁友石（2004），金勇好、金宗王（2008），朴景文、吴石峰（1998），朴慧西（2009），西任德、李渊兴（2006），尹大协、郑顺泰（2006），张恩朱、李继英（2008），郑允基、李俊曼（2000），崔东珠（2008），韩光贤（2004），韩晋焕（2006）

资料来源：以前期研究为中心的论者重新整理。

个人特性层面上，工作满意度和组织承诺作为组织公民行为的先行因素成为代表性研究因素。具有较高工作满意度的员工，通过组织公民行为提高领导—成员交换质量，同时又提高员工经验或工作满意度，创造良性循环。①

同时，工作满意度是心理因素，因此相比直接性的工作成果，与自发性职责外成果的组织公民行为的关系更加密切。② 个人特性层面的组织承诺是通过组织的目标和价值，还有战略等的内在化，把组织利益和自身利益放在同一层面的态度。所以组织成员的组织承诺越高越容易自愿为组织利益付出自我牺牲性努力。③ 组织公民行为也是不指望具体的报酬，虽然个体上微不足道，但有助于整个组织有效运作的自发行为，因此与组织承诺的相互关系较高。实证上，禹锡锋④、尹荣彩等⑤的研究结果也显示，组织承诺与组织公民行为有显著的相互关系，起到正面影响。

因为这些研究倾向的组织成员行为是基于组织背景形成的，所以有批评指出，局限于个人层面的研究必须追加根据整个组织背景进行的分析。⑥ 承诺或满意度等变量，即使是个人层面的变量，但最终还是要受到组织内存在的多种实体之间关系的影响。所以有必要以组织内存在的多种实体之间关系为中心分析影响关系。与组织公民行为相联系起来，认识到团队或组织层面研究的必要性后进行的就是工作特性层面和组织特性层面的研究。但是团队或组织层面的研究面临几个问题。

第一，很难测评团队或组织层面的变量。代表性的有组织文化，组织文化应按照组织层面的变量进行测评，但在组织层面很难对组织文化

---

① Lapierre, L. M., & Hackett, R. D., "Trait Conscientiousness, Leader – member Exchange, Job Satisfaction and Organizational Citizenship Behaviour: A Test of an Integrative Model", *Journal of Occupational and Organizational Psychology*, No. 80, 2007, pp. 539 – 554.

② Crede, M., Chernyshenko, O. S., Stark, S., Dalal, R. S., & Bashshur, M., "Job Satisfaction as a Mediator: An Assessment of Job Satisfaction's Position within the Nomological Network", *Journal of Occupational and Organizational Psychology*, No. 80, 2007, pp. 515 – 538.

③ Becker, T. E. & Kernan, M. C., "Matching Commitment to Supervisors and Organizations to In – Role and Extra – Role Performance", *Human Performance*, Vol. 16, No. 4, 2003, pp. 327 – 348.

④ 禹锡锋：《关于酒店员工的组织公民行为和先行因素及工作成果间的关系研究》，《韩国观光休闲研究》2001年第31卷第2期，第175—192页。

⑤ 尹荣彩、李光顺：《对组织公民行为的先行因素与成果评价的影响》，《韩国行政论文集》2009年第47卷第1期，第209—232页。

⑥ Schnake, M. E., & Dumler, M. P., "Levels of Measurement and Analysis Issues in Organizational Citizenship Behaviour Research", *Journal of Occupational and Organizational Psychology*, No. 76, 2003, pp. 283 – 301.

进行测评。所以，大部分组织文化研究以测评成员对组织文化的认知来代替。

第二，很难找出团队或组织层面的变量和个人层面变量之间的区别。工作特性层面的变量具有工作的复杂性、挑战性、技术多样性等特性，这些特性使组织成员认识到本身负责的工作对组织的重要性和意义。[①] 同时，个人通过自己所负责的业务判断组织对个人价值的认可，最终通过如组织公民行为等职责外行为正向回报组织。Purvanova、Bono 和 Dzieweczynski 在研究中对工作特性进行了客观层面和主管层面的测评。研究结果显示，对比客观工作特性，主观认识的工作显著性对组织公民行为起到更加显著的正面影响。[②] 但是无法客观测评工作特性的情况下，工作的显著性只能通过每个人的认识确认。[③] 但这些很难从工作满意度寻找对工作本身的满意度测评和大的差异。最终只能判断组织层面的变量与个人层面的变量存在较大的区别。

为了克服这些难题，必须先研究测评团队或组织层面变量的方法。摸索出的一个对策就是把团队或组织层面的变量以个人的认识层面进行测评，再整合成团队层面的方法。所以通过团队层面以上的变量进行研究时，首先有必要研究个人认识能否整合成团队层面。但是在很多情况下会出现省略这个过程直接进行研究的局限性。

虽然对团队层面以上变量的研究有其局限性，但对组织或团队层面变量的研究是必要的。这时摸索出的变量就是领导力变量。领导力变量的定义根据不同学者，有些人定义为个人层面的变量，有些人定义为团队层面的变量。把领导力当作个人层面变量的代表性理论认为，不同员工对领导的领导力行为有不同的认识，认识差异通过员工的心态和行为

[①] Chen, C. C., & Chiu, S. F., "The Mediating Role of Job Involvement in the Relationship Between Job Characteristics and Organizational citizenship Behavior", *The Journal of Social Psychology*, Vol. 149, No. 4, 2009, pp. 474 – 494.

[②] Purvanova, R. K., Bono, J. E., & Dzieweczynski, J., "Transformational Leadership, Job Characteristics, and Organizational Citizenship Performance", *Human Performance*, Vol. 19, No. 1, 2006, pp. 1 – 22.

[③] 朱贤植、尹承贤、金华景：《会展中心员工的工作特征对组织承诺、工作满意度、组织公民行为的影响》，《观光研究》2007 年第 21 卷第 4 期，第 43—60 页。

表现出来。① 相反的观点认为，领导以自己的下属员工为对象发挥出相同的领导力，成员以类似的认识做出反应。② 所以即使以个人层面测评领导力，但可以整合成团队层面，因此可以说是团队层面的变量。特别是 Williams 等③学者提出，领导力行为中的非权变奖励（non - contingent reward）行为是团队层面的现象。④ 把领导力以个人层面分析还是以团队层面分析会根据研究人员的研究目的而不同。但是把领导力划归团队层面测评时，具有更加动态的分析领导的领导力行为和成员的工作态度及行为关系的优点。所以本书假设领导的领导力对团队内成员有类似的表现，并以团队层面分析。

对于领导力行为层面的研究，对变革型领导和交易型领导的研究占多数。但是这些研究没有得出连贯性结果。变革型领导通过持续的变化和改革，让组织适应环境，以提高工作效率为目标。但是变化与改革虽然给成员提供发挥挑战意识和创新力的机会，但持续的强调变化会加重工作压力产生反向效果。⑤ 所以对变革型领导的研究虽然取得了很多成果，但对其效果的研究报告没有得出连贯性结论。因为大部分成员正面评价上司对自己的关怀行为。与此类似的有 Lapierre 对上司的信任和员工为取得职责外成果而付出努力的意识之间关系进行的研究。⑥

---

① Dansereau, F., Graen, G. B., & Haga, W., "A Vertical Dyad Linkage Approach to Leadership in Formal Organizations", *Organizational Behavior and Human Performance*, No. 13, 1975, pp. 46 - 78.

② Katerberg, R., & Horn, P. W., "Effects of Within - Group and Between Groups Variation in Leadership", *Journal of Applied Psychology*, No. 66, 1981, pp. 218 - 223.

③ Williams, L. J., P. M. Podsakoff & V. Huber, *Determinants of Organizaional Citizenship Behaviors: A Structural Equation Analysis with Cross - Validation*, Bloomington, In: Unpublished Manuscript, 1986.

④ Williams, L. J., P. M. Podsakoff & V. Huber, *Determinants of Organizaional Citizenship Behaviors: A Structural Equation Analysis with Cross - Validation*, Bloomington, In: Unpublished Manuscript, 1986.

⑤ Nguni, S., Sleegers, P., and Denessen, E., "Transformational and Transactional Leadership Effects on Teachers'Job Satisfaction, Organizational Commitment, and Organizational Citizenship Behavior in Primary Schools: The Tanzanian Case", *School Effectiveness and School Improvement*, Vol. 17, No. 2, 2006, pp. 145 - 177.

⑥ Lapierre, L. M., "Supervisor Trustworthiness and Subordinates' Willingness to Provide Extra - role Efforts", *Journal of Applied Social Psychology*, No. 37, 2007, pp. 272 - 297.

Lapierre[①] 提出员工判断自己的直属上司是不是值得信赖的三点标准。首先是上司的能力，其次是上司的博爱精神（benevolence），最后是对自己同事的博爱精神。研究结果表明，对员工的博爱精神对上司的信任影响最大，对上司的信任对员工付出额外努力的意识起正面影响。这些研究结果说明，对关怀和慈爱的领导力行为和组织公民行为的持续研究是必要的。

以公共组织为对象进行的对组织公民行为的前期研究有：[②] 作为组织公民行为的先行因素研究的公平性认识（姜余珍、张志远[③]；金豪均[④]；申闵哲[⑤]），个人特性及身份差异[⑥]，工作满意度[⑦]，组织信任及组织承诺[⑧]。此外，金豪均研究领导力通过工作满意度、组织承诺为媒体对组织公民行为起到的影响；朴熙瑞[⑨]研究上级公务员的结构主导、关怀、超级领导力（super leadership）通过角色认知为媒体对组织公民行为起到的影

① Lapierre, L. M., "Supervisor Trustworthiness and Subordinates' Willingness to Provide Extra-role Efforts", *Journal of Applied Social Psychology*, No. 37, 2007, pp. 272–297.

② 金豪均：《组织公正性认识、组织信任、组织公民行为间的影响关系分析》，《韩国行政学报》2007 年第 41 卷第 2 期，第 69—94 页。

③ 姜余珍、张志远：《人事公正性认识对组织公民行为的影响——以首尔市公务员的认识为中心》，《韩国社会和行政研究》2005 年第 16 卷第 2 期，第 25—53 页。

④ 金豪均：《组织公正性认识、组织信任、组织公民行为间的影响关系分析》，《韩国行政学报》2007 年第 41 卷第 2 期，第 69—94 页。

⑤ 申闵哲：《对成果测定歪曲认识的定向性分析》，《韩国行政研究》2009 年第 19 卷第 4 期。

⑥ 姜诸相：《合同工公务员的转正动力与组织承诺、组织公民行为及工作满意度的研究》，《韩国行政研究》2005 年第 14 卷第 3 期，第 217—238 页；金荣焕：《在警察组织中上司的领导力对警察公务员的组织公民行为产生的影响——以团队凝聚力的参数为中心》，《韩国地方政府研究》2004 年第 8 卷第 1 期，第 73—90 页。

⑦ 李东洙、朴熙瑞：《公务员对人事制度公正认知对地方公共行政服务质量的影响》，《韩国地方政府学会》2008 年第 20 卷第 4 期，第 25—45 页。

⑧ 金豪均：《组织公正性认识、组织信任、组织公民行为间的影响关系分析》，《韩国行政学报》2007 年第 41 卷第 2 期，第 69—94 页；朴统熙：《公务员身份不稳定和组织公民行动——组织信任的媒介效果》，《韩国政治学会》2008 年第 17 卷第 4 期，第 275—310 页；申闵哲：《对成果测定歪曲认识的定向性分析》，《韩国行政研究》2009 年第 19 卷第 4 期；李东洙、朴熙瑞：《公务员对人事制度公正认知对地方公共行政服务质量的影响》，《韩国地方政府学会》2008 年第 20 卷第 4 期，第 25—45 页。

⑨ 朴熙瑞：《一线公务员作用压力对离职冲动的影响路径分析》，《韩国行政学报》2002 年第 35 卷第 3 期，第 197—219 页。

响。郑允吉和李圭万[1]研究变革型和交易型领导通过分配公平性和程序公平性为媒体对组织公民行为起到的影响。

由上可知，对组织公民行为影响因素的研究集中在个人特性层面上，对领导力行为层面进行研究的只有金豪均[2]，除此之外只有对公平性认知和角色认知进行研究。对于领导力研究方面，金豪均也没有具体明确领导力，只把领导力当作单一变量进行研究，至于服务型领导方面没有任何研究。

对组织公民行为影响因素的前期研究为基础，本书把如下变量选为组织公民行为的影响因素。首先要选择的是个人特性层面和组织承诺。其理由是因为个人特性层面的研究虽然占多数，但没有出现连贯性研究结果。特别是以公共组织为对象的研究中，工作满意度对组织公民行为的影响没有连贯性结果报告。此外，在对组织承诺的研究中，有学者提出了对组织内部存在的各种实体的投入与组织公民行为有何关联的研究的必要性。[3]但是在前期研究中对于上司承诺与组织公民行为的研究非常不足。特别是上司承诺和组织承诺应该表现不同的特征，其理由是因为中国的儒教文化特性和重视人际关系的公共组织特性预计会起到影响。

作为对组织公民行为的影响因素，本书在研究过程中将设置个人特性层面变量的同时作为领导力行为层面设置服务型领导。领导力行为层面作为组织公民行为的影响因素与个人特性层面一起研究时，对个人的态度和行为加入团队层面的变量，具有更加动态和可以通过组织背景分析的优点。服务型领导是在公共组织中几乎没有过的主题，具有补充现有的以变革型领导力为中心的研究所忽视的部分意义，期望有研究成果。

四　离职意向

（一）离职意向的概念

对离职概念的定义是多样和全面的，大体上分为广义的概念和狭义

---

① 郑允吉、李圭万：《关于上司的领导精神行动与组织公正性及组织市民行动的关系的研究：以地方自治团体的公务员为中心》，《韩国行政学报》2000年第34卷第4期，第323—341页。

② 金豪均：《领导力对组织满意度、组织承诺、组织公民行为产生的效果：某地方自治团体的案例》，韩国行政学会：《秋季学术会议论文集（上）》，2007年10月，第327—345页。

③ Becker, T. E., "Foci and Bases of Commitment: Are They Distinctions Worth Making?", *Academy of Management Journal*, No. 32, 1992, pp. 232 –244.

的概念两种。陈致中、张德指出，离职意向是指从事工作的劳动人员变换其现在所从事的工作的可能性。[①] 李成润把离职定义为，广义上的概念是进入和离开组织的组织成员的流动，狭义上是指组织成员向外部的流动。[②] 一般情况下，离职概念是狭义的概念，是指成员自愿或因其他因素脱离现组织向外部流动的现象。赵先熙和朴贤植认为离职意向是成员放弃组织成员资格，离开目前单位的，主动终止被雇佣关系的意向。[③] 即，组织成员通过主动意识想离开组织的意向，包括换单位的想法，在同一个单位也想换岗位的意识等，就是想脱离目前自己所从事的工作。[④] 所以离职意向是有可能转为实际离职的心理状态，成员经常感到离职冲动的组织很难营造快乐工作的氛围，因此，员工离职率高的组织让人感到服务质量无法得到保障，对提高顾客的生活质量有负面影响。[⑤] 熊明良针对中国一家特大型建筑企业员工开展的离职因素研究证实中发现员工满意度与离职意向显著负相关，工作满意度能够作为离职意向的预测指标，主管领导与离职倾向相关系数较大，这说明一个企业主管领导的能力、领导风格，及对待员工权益的重视与保障程度是至关重要。[⑥]

根据是否主动离职可以分为主动性离职和非主动性离职。

第一，主动性离职是指站在成员立场上的自愿离职，表现为薪酬、疾病、分娩等原因造成的离职。即，对单位有不满或为了寻找更好的单位而跳槽的情况等属于此类。自愿离职通过水平移动和垂直移动说明。比如，咨询公司咨询师跳到相同行业时可以认为是水平移动。

第二，非主动性离职是指，不是成员自己的意向，而是雇主或组织

① 陈致中、张德：《中国背景下变革型领导，组织承诺与离职意向关系研究》，《当代经济科学》2010 年第 32 期，第 9—15 页。

② 李成润：《老人福利社会福利员的工作满意度与离职意向间的相关关系研究》，博士学位论文，韩国檀国大学，2002 年。

③ 赵先熙、朴贤植：《疗养保护员的职业压力因素对离职意向的影响：组织承诺与工作满意度的媒介效果为中心》，《韩国老年学》2012 年第 32 卷第 1 期，第 323—340 页。

④ 车仁成：《关于社会福利设施从事员工的离职意向的研究》，博士学位论文，韩国大田大学，2012 年。

⑤ 薛振华、李宰贤：《社会福利员的奖励认识与离职意向的关系：光州广域市和全罗南道地区的社会福利机构为中心》，《韩国社会福利调查研究》2010 年第 25 期，第 171—201 页。

⑥ 熊明良：《建筑企业员工离职倾向影响因素统计分析》，《建筑管理现代化》2008 年第 3 期，第 78—82 页。

立场上的强制离职，也叫免职。这里包括解雇、临时解雇、退休等。

中国 IT 企业员工的离职属于主动性离职意向概念，变为想离开现有组织的成员心理状态。不管是什么组织，离职带来的都是负面影响，IT企业成员的离职是无法用金钱衡量的，在固有的创造价值方面给企业带来无法估量的损失。员工离职对中国 IT 企业的严重性不断增加，诸多相关研究中为了证明影响离职的因素为与上司的矛盾，晋升困难等机构的环境性因素而不断努力。但是从主动性离职意向观点考虑时，明确 IT 企业成员的离职与对组织的态度及根据领导力个人心理状态的变化等的因果关系更为重要。

本书在分析中国 IT 企业成员的离职意向时，向放弃目前单位的组织成员身份、准备离开目前单位的主动离职意向看齐，作为 IT 企业员工想要终止与目前企业的关系的主动意识，定义为对目前组织的失落感，考虑改行等的主动离职意向概念。表 3—7 是整理前期研究人员对离职意向的定义。

表 3—7　　　　　　　　　　　　离职意向的前期研究

研究人员	离职意向定义
Herzberg（1959）	包括人力向组织外部流动和人力向组织内部流动
Price（1977）	广义——来回于社会体系成员资格界限的流动；狭义——人力从组织内部向组织外部流动
Bluedorn（1978）	某个特定的工厂或企业的员工流动
Mebley（1982）	从组织获得有偿报酬的个人自愿废除其成员角色
申熙城（1988）	把狭义的离职概念定义为离职。定义为超越组织界限的永久性流动
朴内会（1998）	员工脱离自己所属的组织，意味着雇佣关系的临时或永久性断绝
Gorge 和 Jhon（2003）	自己主动或因雇主造成的临时或永久性雇佣的终结
申熙城（2004）	指从组织内部向组织外部流动
曹学来（2005）	定义为劳动力向组织内部或外部流动

资料来源：以前期研究为中心的论者重新整理。

（二）有关离职意向的先行因素

对于影响离职的因素，不同研究人员有不同的解释。Price 和 Mueller 在以护士为对象进行的研究中指出，长期工作的条件中工作满意度是非常重要的因素，同时，作为离职的决定性因素，外部就业和工作条件、工作培训和训练、稳定的岗位要求起到影响。[①] Price 通过离职因素提出离职的先行因素。[②]

（1）根据决策，分为主动离职和非主动离职。主动离职包括辞职或为了更好的机会跳槽或者女性婚后离职等，非主动是因组织和其他环境因素造成的离职，包括解雇或惩罚、退休等。

（2）根据组织控制可行性与否，分为可避免离职或不可避免离职。可避免离职是指，组织能够控制的原因：如上班时间、工作时间、工资和附加值部分等原因造成的离职，不可避免离职是指，组织不能够控制的原因：如退休、教育、死亡、事故、健康问题、怀孕、抚养家庭，还有家庭关系等原因造成的离职。

（3）根据离职结果对组织产生的影响，分为正向功能性离职和逆向功能性离职。正向功能性离职是指对于在组织工作中表现不佳的员工离开不予关注的、双方协商达成一致的状态下发生的离职。逆向功能性离职是指员工想离开组织，但组织对员工的评价是良好的，不希望其离开的离职。

（4）以离职行为的时间长短，分为临时离职和永久性离职。临时离职是指，缺勤或工作时间中的频繁外出；永久性离职是指，永久性跳到其他单位或行业或单位关闭，公司破产等。

对于离职因素的国外研究，全灿烈把离职因素分为工作相关因素、人际关系因素、人事管理制度因素。[③] 工作相关因素有工作特性（技术多样性、自律性、工作整体性、反馈），人际关系因素有上下级、同事关系。人事管理制度因素有工资、晋升、培训训练、人事考核、工作环境、

[①] Price, J. L., & C. W. Mueller, *Professional Turnover: The Case of Nurses*, New York: SP Medical and Scientific Books, 1981.

[②] Price, J. L., *The Study of Turnover*, Ames: Iowa State University Press, 1977.

[③] 全灿烈:《关于中小企业与大企业劳动者的离职倾向的对比研究》,《韩国生产性论文集》1996 年第 10 卷第 2 期, 第 239—263 页。

福利待遇、工作地点、不满接受制度等[①]。吴志荣[②]的研究结果显示，老人福利设施员工的离职意向对工作满意度和工作承诺起到负影响，根据人口社会学特性，婚否、学历、年龄、工作时间等对离职意向有显著的差异。金英子把离职因素分为外部环境因素、组织整体因素、工作环境因素、工作相关因素、个人特性因素等。[③]

（1）具有离职意向的员工对组织抱有不满时，这个不满与离职联系在一起，此时外部环境因素，劳动市场的环境起到决定性作用。即，决定离职时可选择的组织数目起到决定性影响。

（2）对离职的组织整体因素，企业的工资及福利待遇、晋升等缺乏公正性或无法满足期待值时决定离职。

（3）工作环境因素，可以列举的有：上司的领导力、同事间的相互作用乃至人际关系、工作条件等。上司多照顾部下，促进良好的人际关系、组织或同事团队间的人际关系良好，团队凝聚率高的地方离职率低，工作环境或危险系数等工作条件越差员工的不满意度越高，离职率也越高。

（4）工作相关因素，因为业务量大造成的心理上、身体上的疲惫或履行职责时自律性低或职责模糊性高时离职率高。相反，绩效高的员工对比绩效低的员工获得的报酬更高，所以通过提高员工的满意度来降低员工的离职率。

（5）个人特性因素，包括员工的年龄、工作年限、家庭抚养责任、学历等。据统计、员工的年龄越小、工作年限越短、抚养及赡养家里的人数越少、学历越高的人，离职率越高。

五 中国的地域特征

（一）关于中国地域差异的文献研究

中国政府推行的经济发展，正在摸索从量的增长转为质的均衡增长，

---

① 吴志荣：《老人医疗福利设施劳动者的离职意向决定因素》，博士学位论文，韩国延世大学，2008年。

② 吴志荣：《老人医疗福利设施劳动者的离职意向决定因素》，博士学位论文，韩国延世大学，2008年。

③ 金英子：《老人疗养保护员的职业压力与组织有效性的关系中自我效能的调整效果》，博士学位论文，朝鲜大学，2008年。

通过经济内需及扩大消费寻求新的增长动力。对中国地域特征的准确判断和外国企业进入中国市场时必须认识到的是，中国市场不是一个单一的市场，而是多元化的市场。

目前，关于中国区域差异的经营学方面文献并不多，但是分析前期研究人员的文献有如下共同点。Magni 和 Sysmon 指出，进入中国市场的大部分企业应该以城市规模和富裕程度区分并树立经营战略。[①] 但是中国 660 个以上城市中，130 个城市人口超过百万，并且都表现出不一样的经济增长变化情况，因此，按照城市区分并不可取。同样规模的城市，法国和德国在人口统计上或消费文化等形式上都存在差异，因此区分中国市场时区分地域和文化是非常有必要的。还有，Swanson 指出，不同地区中国消费者的购买力、心态、生活方式、消费模式等也不同，[②] Cui 和 Liu 强调，关于中国的研究中，地域差异是一个非常重要的概念。[③] Ma 等通过研究中国的地域差异对企业的影响指出，像中国这样的发展中国家，国家内各区域存在的文化背景、生活方式及生产因素的丰富性和制度、聚集经济的差异成为经营活动的机会或制约因素，因此，可以与成果相联系在一起。[④] 这种就叫作"国家地域效应"，这些差异本身对企业的成果产生直接影响。国外研究中也提到关于在中国市场上的国家形象效果和地域差异的研究。安宗石和李东振指出，如中国这样拥有广阔地域和每个地域保持不同文化特征的国家里每个地域的消费者对产品的评价也会产生不同的影响。[⑤] 通过这些文献研究可知，企业的成果受到经济、地域、人文环境的影响，研究中国不同地域的文化特征并以此分析对企业

[①] Magni, M., and Sysmon, Y., "A Better Approach to China's Markets", *Havard Business Review*, 2010, pp. 30 – 31.

[②] Swanson, L. A., "The Tewelve Nations of China", *Journal of International Consumer Marketing*, Vol. 2, No. 1, 1989, pp. 89 – 105.

[③] Cui, G. and Liu, Q., "Regional Market Segments in a Traditional Economy: A Study of Urban Consumers in China", *Journal of International Marketing*, Vol. 11, No. 2, 2000, pp. 79 – 100.

[④] Ma., X. and Tong, T. W. and Fitza, M., "How Much does Subnational Region Matter to Foreign Subsidiary Performance? Evidence from Fortune Global 500 Corporations' Investment in China", *Journal of International Business Studies*, Vol. 44, No. 1, 2012, pp. 66 – 87.

[⑤] 安宗石、李东振：《关于在中国市场国家形象效果的地区差异的研究》，《韩国国际经营研究》2007 年第 18 卷第 4 期，第 99—130 页。

成果产生的影响，这使本书研究具有了重要的理论意义。

（二）中国文化的地域特征

中国有着灿烂和悠久的历史文化，经过长时间的发展形成了多样化的文化。中国有很多少数民族地区组成，每个地域的文化也是多样化的。中国56个民族，34个省级行政区，每个地域之间的文化是多样化的，都有各自的特征。还有，如中国香港、澳门、台湾等经历特别历史时期的地域文化的融合、全球华侨和中国大陆之间的融合造就了今天中国文化的多样性。

本书研究从中国诸多的地域中选取出生地以北京、黑龙江省、山东省等地为东北部文化和以上海、广州、温州为代表的东南部文化，分析地域间的文化差异。

1. 东北地区的文化特征

首先，东北地域文化具有多元性。一是东北是多民族聚居地区，例如满族、朝鲜族、汉族、鄂温克族等众多民族都聚居在东北，不同民族自然有不同的文化，因此，构成了东北地域文化多元性的一面。二是近代外来移民对东北原生态文化造成重大影响，中原文化带入东北地区，使得东北地区受到中原文化浸润。①

其次，东北地域文化具有包容性。东北地域文化之所以多元，是因为其具有包容性。东北地域文化从原先的渔猎文化、游牧文化发展为现在的农耕文化和工业文化，都是不断吸收各类文化并融合各类文化的结果。

最后，东北地域文化具有差异性。东北区域文化可以分为东中西三区域文化。这三个区域文化的差异性主要是民族差异导致的。东部地区主要是满族和朝鲜族，其地域文化特征是山地民族文化。中部地区主要是汉族，其地域文化特征是农耕文化。西部地区以蒙古族为主，其地域文化是草原游牧文化。

2. 北京地区的文化特征

北京是中国的首都，也是政治、经济、文化中心。与诸多前期研究

---

① 郑佳军、刘禹宏：《东北地域文化对于振兴东北的作用》，《中国商论》2021年第7期，第161—163页。

中提到的一样，北京比中国任何一个地方都具有深刻的历史层面和地域特征。相比经济观念，更注重政治文化观念。因此很多人希望居住在以北京为中心的东北部地区并以此为荣。

3. 上海地区的文化特征

上海是中国第一经济城市，掌握近代中国经济命脉，上海原本也属于典型的江南水乡文化。开埠以后，西洋文化的进入和商业繁荣，吸引了来自全国各地的人，不同文化经历了一段时间的共生、碰撞后，海派文化逐渐形成。它不是各地文化的简单相加和拼凑，而是博采众长，将各地文化有选择性的吸收形成新文化的过程。具有吸纳百川、善于扬弃、追求卓越、勇于创新等特点。

4. 广州地区文化特征

广州作为商业城市拥有悠久的历史。依靠向南连接东南亚，向西连接印度洋、波斯湾、红海的得天独厚的地理位置，很早之前就成为海上丝绸之路的起点，一直都是中国对外贸易的窗口，同时也起到东西文化交流融汇的作用。广州是受到 80 年代中国改革开放的直接影响和优惠的地方，可以说是中国对外开放的窗口。①

5. 温州地区的文化特征

温州传统区域文化特征主要有三：一是敢闯、敢冒险和特别能抱团的"渔民文化"特征；二是特别能吃苦、特别有创业欲望的"移民文化"特征；三是永嘉学派的功利思想。

温州精神有不同版本：四自"自主改革、自担风险、自强不息、自求发展"；四千"走遍千山万水，历尽千辛万苦，想尽千方百计，说尽千言万语"。温州特色的市民文化：吃穿住行高档，行商做事提篮。经济结义抱团，一生想当老板。②

---

① 蒋建国：《清代广州对外开放过程中的消费文化探析》，《探求》2003 年 第 5 期，第 40—44 页。

② 《对温州传统文化特征的理解和思考》，百度文库，访问时间：2021 年 5 月 6 日，https：//wenku.baidu.com/view/6832e10a7cd184254b35352c.htm。

第四章

IT 企业员工离职意向模型构建

第一节　模型构建及研究假设

本研究选取在北京市工作、出生于 1980 年以后，来自黑龙江、辽宁、河北、山东、安徽、重庆等全国多个省区市的 IT 行业员工为研究对象。对管理者认知的变革型领导力及交易型领导力的有效性进行验证研究。这种通过领导力类型与影响离职意向的组织管理领域变量，组织满意度、组织承诺、组织公民行为之间的关系，验证影响离职意向的关联性研究，有望为中国 IT 产业提供重要的启示。

第一，验证员工的组织满意度、组织承诺、组织公民行为变量对中国 IT 企业员工的离职意向起到什么样的影响。通过实证分析验证直接影响员工离职意向的因素，通过组织满意度、组织承诺、组织公民行为等变量的作用，有没有影响离职意向，同时分析前期研究结果是否适用于中国 IT 企业员工。

第二，验证中国 IT 企业员工认知中的管理者领导力类型对组织满意度、组织承诺、组织公民行为等组织管理领域的变量起到的影响。把中国 IT 企业员工认知中的管理者领导力分为变革型领导和交易型领导，验证这些领导力类型对组织员工的态度、组织满意度、组织承诺还有组织公民行为程度有什么样的影响。对中国 IT 企业员工的组织满意度、组织承诺、组织公民行为变量间的影响进行验证。在政治、经济、社会、文化特性不会对组织的满意度或组织承诺，还有组织公民行为造成影响的前提条件下，分析中国 IT 企业员工的组织满意度、组织承诺、组织公民行为等对组织的成员态度变量间是有什么样的影响关系，这是一项非常有意义的研究。

为此，以前期研究为背景提出如下研究模型（见图4—1），并以此通过对假设的检验，验证各变量间的影响关系。

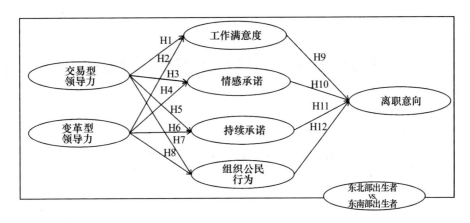

图4—1　研究模型

为圆满完成组织目标，通过激励组织成员提高工作满意度是非常重要的因素，为了履行组织目标，领导要引领成员们向正确的方向前进。对于领导力类型和工作满意度的相关关系研究中，普遍认为领导力和工作满意度有相关关系。特别是很多研究结果显示，变革型领导力对增加工作满意度起到重要的作用。验证领导的变革型领导和工作满意度的关联性的 Bogler[①]、Bycio 等[②]、Deluga[③]、Podsakoff 等[④]、Yammarino 和 Bass[⑤]、

①　Bogler, R. , "The Influence of Leadership Style on Teacher Job Satisfaction", *Educational Administration Quarterly*, Vol. 37, No. 5, 2001, pp. 662 – 683.

②　Bycio, P. , Hackett, R. D. & Allen, J. S. , "Further Assessment of Bass's (1985) Conceptualization of Transactional and Transformational Leadership", *Journal of Applied Psychology*, Vol. 80, No. 4, 1995, pp. 468 – 478.

③　Deluga, R. J. , "Relationship of Transformative and Transactional Leadership with Employee Influencing Strategies", *Group and Organization Studies*, 1988, pp. 456 – 467.

④　Podsakoff, P. M. , MacKenzie, S. B. , Moorman, R. H. & Fetter, R. , "Transformational Leader Behaviors and Their Effects on Followers' Trust in leader, Satisfaction, and Organizational Citizenship Behaviors", *Leadership Quarterly*, No. 1, 1990, pp. 107 – 142.

⑤　Yammarino, F. J. & Bass, B. M. , "Transformational Leadership and Multiple Levels of Analysis", *Human Relations*, Vol. 43, No. 10, 1990, pp. 137 – 153.

Sosik 等[1]的研究结果显示，变革型领导和成员的组织满意度具有很高的正面（+）相互关联性。据报告显示，变革型领导通过引导成员对工作提出新的观点或激发成员的兴趣，提高工作满意度。Bass[2] 以美国陆军军官为对象进行的领导力组成因素与下属工作满意度的关联性的实证研究显示，变革型领导和交易型领导都与下属的满意度有正相关作用，同时相比于交易型领导，变革型领导的因素具有更高的关联性。特别是，领袖魅力因素与下属的满意度或领导效果有最强的关联性。

Kuhnert 和 Lewis 认为，变革型领导通过对成员个人的关怀和照顾，了解成员的需求和能力并给予适合他们需求的满意度，达到成员自我激励的目的。[3] Baundura 和 Wood 认为，变革型领导告诉成员目前所面临的问题是什么，鼓励成员自己去寻找解决问题的方法并与成员一起努力探索出解决问题的方法。[4] 通过这些过程成员会自觉地去探索解决问题的方法并提高解决问题的能力。同时，在解决困难的过程中，成员会产生自我效能感，对自己的工作有了成就感，并且与工作满意度联系起来。

Podsakoff 等认为，变革型领导对成员工作时提出新的观点和方法，工作有了改变，因而会产生高水平的工作满意度，激发成员们积极的工作态度，营造快乐工作的氛围，对工作满意度有显著的影响。[5] Eberhardt 和 Moser[6] 阐明，聘用合同的主动性与否影响工作满意度、主动性离职意向、组织承诺，经实证研究证明临时雇佣的短期工作人员的工作满意度

---

① Sosik, J. J., Avolio, B. J., & Kahai, S. S., "Effects of Leadership Style and Anonymity on Group Potency and Effective in a Group Decision Support System Environment", *Journal of Applied Psychology*, No. 82, 1997, pp. 89 – 103.

② Bass, B. M., *Leadership and Performance Beyond Expectation*, N. Y.: The Free Press, 1985.

③ Kuhnert, K. W. & Lewis, P., "Transactional and Transformational Leadership: Constructive Developmental Analysis", *Academy of Management Review*, No. 12, 1987, pp. 648 – 657.

④ Baundura, A. & Wood, R., "Effect of Perceived Controll ability and Performance Standards on Self – Regulation of Complex Decision Making", *Journal of Personality and Social Psychology*, No. 41, 1989, pp. 586 – 598.

⑤ Podsakoff, P . M., MacKenzie, S. B., Moorman, R. H. & Fetter, R., "Transformational Leader Behaviors and Their Effects on Followers' Trust in leader, Satisfaction, and Organizational Citizenship Behaviors", *Leadership Quarterly*, No. 1, 1990, pp. 107 – 142.

⑥ Eberhardt, B. J. & Moser, S. B., "The Nature and Consequences of Part – time Work: A Test of Hypotheses", *Journal of Applied Business Research*, No. 11, 1995, pp. 101 – 108.

和组织承诺较低。Lowe 等认为，成员对自己的岗位满意和对自己细微关怀的领导具有更高的满意度。进一步说，员工的工作满意度越高，组织成果越高。[①]

有研究表明，交易型领导和工作满意度关系中的组成因素，绩效薪酬对成员的满意度和结果有肯定的作用。[②] 相反，Howell 和 Avolio[③] 的研究显示，交易型领导和工作满意度之间关系为否定关系。Podsakoff 等[④]认为，即使交易型领导对组织有效性起到肯定的影响力，但是缺少了对于成员个人需求开发方面的领导承诺，因此，几乎没有更高水平的成员情感承诺。通过观察这些相反的结果，可以看到，有条件的奖励在一定程度上对工作满意起到正向影响。但是依靠例外的管理，在大部分研究中得出的结论是对工作满意度的影响是负面的，因此，通过这些可以认为，包含有条件奖励的流动性和例外管理的负面固定性的交易型领导对工作满意度无法达到正相关。[⑤] Hater 和 Bass 针对在组织工作 1 年以上的管理者为对象进行的研究中主张，变革型领导因素与满意度之间存在很高的相互关系，相反与交易型领导因素存在较低或中间程度的相互关系，取得最高成果的团队与取得一般成果的团队相比，对领袖魅力和个性化关怀的平均值更高并且更加显著。[⑥]

---

① Lowe, K. B., Kroeck, K. G., & Sivasubramaniam, N., "Effectiveness Correlates of Transformation and Transactional Leadership: A Meta – Analytic Review of the MLQ literature", *Leadership Quarterly*, No. 7, 1996, pp. 385 – 425.

② Podsakoff, Todor, W. D., Grover, R. A., & Huber, V. L., "Stiuational Moderators of Leader Reward And Punishment Behavior: Fact of Fiction", *Organizational Behavior and Human Performance*, No. 34, 1984, pp. 21 – 63.

③ Howell, J. M. & Avolio, B. J., "Transformational Leadership, Transactional Leadership, Locus of Control, And Support for Innovation: Key Predictors of Consolidated – business – unit Performance", *Journal of Applied Psychology*, No. 78, 1993, pp. 891 – 902.

④ Podsakoff, P. M., MacKenzie, S. B., & Bommer, W. H., "Transformational Leader Behaviors and Substitutes for Leadership as Determinants of Employee Satisfaction, Commitment, Trust and Organizational Citizenship Behaviors", *Journal of Management*, No. 22, 1996, pp. 259 – 298.

⑤ 洪成宽：《关于领导力类型对工作满意度及组织承诺产生的影响研究》，博士学位论文，全北大学，2007 年。

⑥ Hater, J. J., & Bass, B. M., "Superior's Evaluations and Subordinates's Perceptions of Transformational and Transactional Leadership", *Journal of Applied Psychology*, No. 73, 1988, pp. 695 – 702.

Howell 和 Avolio 以加拿大金融机构为对象进行的成果分析结果显示，变革型领导与成果有着正向影响作用，与交易型领导有着负向影响作用。[①]。朱宗德以农行分行长为对象进行的研究显示，变革型领导对工作满意度有增幅效果，[②] 吕仁吉以证券公司分公司经理为对象进行的研究显示，变革型领导的领袖魅力对工作满意度有影响。[③] 全景哲以餐饮业为对象进行的研究显示，管理人员的变革型领导对工作满意度、组织承诺和面向服务的组织公民行为起到显著的积极影响。[④] 权亨燮以酒店产业为对象进行的研究显示，变革型领导的智力激励、领袖魅力因素对工作满意度有显著的影响。[⑤] 金勇俊[⑥]以旅行社为对象进行的研究显示，变革型领导对工作满意度的影响顺序是：领袖魅力、智力激励、个性化关怀。权焕镇提到，变革型领导，交易型领导的调节效应中，为了成员的满意度作为领导应充满信心，给组织成员培养自豪感和信念。对工作满意度有显著影响的有：领袖魅力、智力激励、个性化关怀、有条件奖励；例外管理对工作满意度是非显著影响。[⑦] 经过对以上前期研究的分析结果，可以推论为：交易型领导对工作满意度起到负向影响，变革型领导对工作满意度起到正向影响，并提出如下假设1、2。

假设1　交易型领导对工作满意度产生显著的负向影响。

假设2　变革型领导对工作满意度产生显著的正向影响。

组织承诺是对自己所属组织的认同、承诺、整体感、热爱，包含对组织追求的目标或价值强烈的信任和接受感，为组织奋斗的意向，作为

---

① Howell, J. M. & Avolio, B. J., "The Ethics of Charismatic Leadership: Submission or Liberation", *Academy of Management Executive*, Vol. 6, No. 2, 1992, pp. 43 - 54.

② 朱宗德：《领导力类型与员工的关系特征对组织成果的影响》，博士学位论文，大邱加图立大学，2003 年。

③ 吕仁吉：《领导力类型对组织成果的影响》，博士学位论文，韩国庆熙大学，2004 年。

④ 全景哲：《餐饮产业管理人员的领导力对组织有效性的影响》，博士学位论文，韩国京畿大学，2005 年。

⑤ 权亨燮：《关于变革型领导对成员的赋权和组织承诺的影响研究》，博士学位论文，韩国济州大学，2007 年。

⑥ 金勇俊：《中国城镇人口的文化记忆与消费文化的区域性》，《中国学研究》2006 年第36 期，第437—463 页。

⑦ 权焕镇：《关于组织文化类型对组织有效性的影响研究》，博士学位论文，东新大学，2011 年。

组织成员有强烈的留下来的信念等。同时，组织承诺作为一种心态与工作满意度类似，但两者的区别在于，工作满意度是对工作层面的反映，根据工作环境的变化工作满意度程度也会变化，但是组织承诺是对整个组织的个人情感反映，是全面性概念，不容易产生变化。组织承诺包含自愿性心理状态观点和有更好的条件也不会离职的坚定观念。

Shamir 等认为，领导观力影响中，比起工作满意度，组织承诺才是领导力对组织的成果展示，这个观点有很多研究人员提出过。① 以包含多种下位组成概念的形式进行概念重建，并指出下位组成概念和领导力的关联性。Conger 称，变革型领导的核心在于领导激励下属专注于工作，达成超越期望的成果，② Bass③ 认为，个性化关怀是，重视对优秀结果的认可和褒奖，对问题下属单独的指导和建议，增强信心，委托权限，提供学习机会等谋求个人发展的领导力行为。

金浩政认为，获得委托权限的下属会得到自主和裁量权，感受到成就感和责任感并获得学习的机会，通过经历自我成长和发展满足派生需求提高动机水平。④ 还有，通过个性化关怀主动完成挑战性业务，这时再获得领导的表扬、激励和认可时所产生动机会更高。高动机与领袖魅力一样会成为高组织承诺的源泉。

Bass 认为，变革型领导的智力激励可以从新的角度考虑问题，提示解决困难的新方法等改变下属对问题的认知和解决方法，还有信念和价值观。这种激励为了达成原先的意图，领导保证下属的自主性，建议面对风险敢于挑战，即使失败也不会进行公开批评。⑤ 这样下属会获得信心和自我效能感，产生满足派生需求的机会，提高动机和组织承诺。但是，一下子要求下属无法承担急剧责任或持续的变化时，会对下属产生重压，造成其紧张和压力。Bass 认为交易型领导包括有条件奖赏

---

① Shamir, B., House, R. J. & Arthur, M. B., "The Motivational Effects of Charismatic Leadership: A Self – concept Based Theory", *Organization Science*, Vol. 4, No. 4, 1993, pp. 577 –594.

② Conger, J. A., *The Charismatic Leader: Behind the Mystique of Exceptional Leadership*, San Francisco, CA: Jossey – Bass, 1989.

③ Bass, B. M., *Leadership and Performance Beyond Expectation*, N. Y.: The Free Press, 1985.

④ 金浩政:《信任与组织承诺》,《韩国行政学报》1999 年第 33 卷第 2 期，第 19—35 页。

⑤ Bass, B. M., *Leadership and Performance Beyond Expectation*, N. Y.: The Free Press, 1985.

和例外管理两个因素。进行例外管理的领导的下属，虽然失误或越权行为可能会少，但是排斥有挑战性或创意性的业务，因此，很难有机会从工作中满足责任感、挑战感、自我发展等派生需求。[①] 同时，不会尽全力为组织做贡献，努力只是为了不脱离标准而已，因此无法指望提高他们的组织承诺。

Meyer 和 Allen 把组织承诺区分为感情（affective）承诺、持续（continuous）承诺、规范（normative）承诺三种，并认为与双重变革型领导有强有力的积极关系的是情感承诺。[②] Bycio 等也主张情感承诺与变革型领导有最强有力的正向影响关系[③]。Summer 等的研究也表明，变革型领导对组织承诺产生正向影响作用。[④]

像这样每个研究人员对下位组成因素之间的影响力研究结果都有着不同的现象，在韩国的实证研究中也一样存在。权焕镇提到，以实证调查结果为基础时没有发现中国在经营管理类型和组织承诺之间的明确关系，但观察到变革型领导行为对组织承诺起到积极影响[⑤]。成荣泰以基层政府负责人为对象进行的研究指出，变革型领导的领袖魅力和智力激励对组织承诺的影响最大，交易型领导在所有下位因素中对组织承诺没有显著的影响。[⑥] 金钟兆以外商投资企业 CEO 为对象进行的研究中指出，变革型领导的领袖魅力、智力激励、个性化关怀和交易型领导的有条件奖励对组织有效性起到显著的影响，例外管理对组织承诺没有显著的影

---

① Bass, B. M, *Leadership and Performance beyond Expectation*, N. Y. : The Free Press, 1985.

② Meyer, J. P., & Allen, N. J., "A Three Component Conceptualization of Organizational Commitment", *Human Resource Management Review*, Vol. 1, No. 1, 1991, pp. 61 – 89.

③ Bycio, P., Hackett, R. D. & Allen, J. S., "Further Assessment of Bass's (1985) Conceptualization of Transactional and Transformational Leadership", *Journal of Applied Psychology*, Vol. 80, No. 4, 1995, pp. 468 – 478.

④ Summer, S. M., Bae, S. H. and Luthans, F., "Organizational Commitment Across Cultures: The Impact of Antecedents on Korean Employees", *Human Relations*, Vol. 49, No. 7, 1996, pp. 977 – 993.

⑤ 权焕镇：《关于组织文化类型对组织有效性的影响研究》，博士学位论文，韩国东新大学，2011 年。

⑥ 成荣泰：《基层政府负责人的领导力类型对公务员的组织承诺产生的影响：赋权参数为中心》，博士学位论文，韩国启明大学，2006 年。

响，因此，证明变革型领导比交易型领导有更强的影响①。金昌圭以基层政府公务员为对象进行的研究中指出，领导的愿景展望和智力激励对下属员工的组织承诺有影响。②

本研究中考虑到研究对象是中国工作人员，因此，组织承诺是以 Allen 和 Meyer 的三个层面中选取与需求相关的带有积极和主观性的情感承诺和持续承诺为中心进行研究③。同时，通过对以上前期研究的调查结果，推论交易型领导对组织承诺的下位概念起负向影响，变革型领导对组织承诺的下位概念起正向影响，并提出假设 3、假设 4、假设 5、假设 6。

假设 3　交易型领导对情感承诺产生显著的负向影响。

假设 4　变革型领导对情感承诺产生显著的正向影响。

假设 5　交易型领导对持续承诺产生显著的负向影响。

假设 6　变革型领导对持续承诺产生显著的正向影响。

交易型领导把重点放在领导和下属之间发生的交换关系上。领导和下属之间发生的契约型和交换关系型过程，站在与下属的交换关系上达成协商好的目标时给予下属承诺的奖励。④ 即，领导和下属关系是经济上或精神上相互交换的交易，下属服从或忠于领导时领导作为相应的代价给予下属保护和表扬或者涨工资等经济利益。⑤ 即，交易型领导利用外在动力带领下属，向他们明确提出所需要的结果，并在达成时提供约定的奖励，因此，下属为了达成自己所负责的工作而全力以赴。⑥ 但是交易型

---

① 金钟兆：《外商投资企业 CEO 的领导能力对组织有效性的影响研究：以半导体制造设备公司为例》，博士学位论文，韩国湖西大学，2008 年。

② 金昌圭：《变革型领导对工作满意度与组织承诺的影响》，博士学位论文，韩国庆熙大学，2009 年。

③ Allen, N. J. & Meyer, J. P., "The Measurement and Antecedents of Affective, Continuance, and Normative Commitment to the Organization", *Journal of occupational Psychology*, No. 63, 1990, pp. 1 – 18.

④ Yammarino, F. J., Dubinsky, A. J. Comer, L. B. and Jolson, M. A., "Woman and Transformation and Contingent Reward Leadership: A Multiple – level – of – analysis Perspective", *Academy of Management Review*, Vol. 40, No. 1, 1997, pp. 205 – 221.

⑤ 林昌熙：《对领导力影响力的下属倾向的差异性调整效果》，《经营研究》2005 年第 30 期，第 183—205 页。

⑥ Bass, B. M., "From Transactional to Transformational Leadership Learning to Share the Vision", *Organizational Dynamics*, Vol. 18, No. 3, Winter 1990, pp. 19 – 31.

领导不仅无法把下属的需求个性化，他们的个人发展也无法得到培养，在这个方面与变革型领导有差别。变革型领导通过强烈的使命感和领导与下属之间的信任与尊重，重视人际关系，相反，交易型领导是基于正式和制度性规定或奖励，限制及处罚等。

在早期组织公民行为中深受关注和接受的组织公民行为的预测值是领导的行为。对变革型领导和交易型领导的研究结果显示，在组织成果提高方面，变革型领导明显高于交易型领导，交易型领导的效果微乎其微，变革型领导对比其他领导，对下属的承诺水平及组织公民行为意志方面有更高的效果[1]。

据高灿根表示，基督教教徒比起变革型领导，是更喜欢根据状况给予奖励的交易型领导，[2] 林昌熙认为，在普通企业组织里，下属更喜欢领导的变革型领导行为，变革型领导效果高于交易型领导，相反的是，在教会组织等情况下，下属更喜欢交易型领导[3]。他认为，教徒不仅期望牧师状况奖励的交易型领导行为，也期望具有领袖魅力的牧师采取智力激励和个人关怀行为，给予周边现实性的救济和奉献，以牺牲自我实现爱心，带来改变教徒的影响。这说明变革型领导和交易型领导可以共存，一个领导可以同时具备变革型行为及交易型行为。对于这点，Saal 和 Knight 认为，变革型领导不是代替交易型领导，而是帮助领导力更加完善的过程。[4] 因此，并不是说变革型领导比交易型领导更优秀，而是两个类型的领导力都是必要的，只是根据领域不同，有用的领导力类型存在差异而已。

分析交易型领导和组织公民行为的研究时，Smith 等认为，领导的支持性行为有正向关系，还与组织公民行为的一个层面遵从（尽责行为）有关联，并特别指出，领导的支持性行为间接与通过工作满意度的利他

---

① 白基福：《热门领导力》，首尔：创民出版社 2000 年版。

② 高灿根：《关于基督教圣徒们的变革型、交易型领导的研究》，《韩国人际关系学报》1997 年第 2 卷第 1 期，第 251—277 页。

③ 林昌熙：《对领导力影响力的下属倾向的差异性调整效果》，《经营研究》2005 年第 30 期，第 183—205 页。

④ Saal, F. E., & Knight, P. A., Industrial/Organizational Psychology, Science and Practice, 2nd edition, Brooks/Cole Publishing Company, Pacific Grove, California, 1995.

行为（组织公民行为层面）有关联。[1] Niehoff 和 Moorman 等通过对领导的监视、成员对于公平性的认知、成员对于组织公民行为关系等的调查，分析领导以工作为中心的行为表现、领导的监视行为和组织公民行为的关系后发现领导的监视行为类型和组织公民行为有关联。[2] 依据非正式讨论的领导监视行为与利他主义有正相关关系，相反，依据观察的监视行为除了正当行为，与所有组织公民行为有负相关关系，其理由是，严密管控导致成员只关注执行正式义务，自然忽视没有后续奖励的组织公民行为。Podsakoff 等在研究支持性领导力和组织公民行为之间关系时，把支持性领导力区分为作用明确和步骤细分等，把组织公民行为设定为利他心、参与性、尽责性等。[3] 其结果显示，越是支持型领导力，成员的组织公民行为越高，作用明确和组织公民行为不存在相互关系，步骤细分与利他心、尽责性存在负向相互关系。Schnake 研究工作满意度、领导力类型和组织公民行为的关系，结果显示，领导力类型中以关系为中心的领导力与组织公民行为的所有组成因素有显著的关系，但以工作为中心的领导力只与利他心、尽责性、参与性有显著关系。[4]

金德尚认为，交易型领导和变革型领导对组织公民行为都有正面的显著影响[5]。文大成认为，交易型领导对组织公民行为有正面的显著影响[6]。

① Smith, C. A., Organ, D. W., & Near, J. P., "Organizational Citizenship Behavior: It's Nature and Antecedents", *Journal of Applied Psychology*, No. 68, 1983, pp. 653 – 663.

② Niehoff, B. P., & Moorman, R. H., "Justice as a Mediator of the Relationship between Monitoring and Organizational Citizenship Behavior", *Academy of Management Journal*, No. 36, 1993, pp. 527 – 556.

③ Podsakoff, P. M., Niehoff, B. P., Mackenzie, S. B. & Williams, M. L., "Do Substitutes for Leadership Really Substitute Leadership? An Examination of Kerr and Jemier's Situational Leadership Model", *Organizational Behavior and Human Decision Processes*, No. 54, 1993, pp. 1 – 44.

④ Schnake, M., "Organizational Citizenship: A Review, Proposed Model, and Research Agenda", *Human Relations*, No. 44, 1991, pp. 735 – 759.

⑤ 金德尚:《变革型及交易型领导对组织公民行为的影响》，硕士学位论文，延世大学，2002 年。

⑥ 文大成:《商业体育中心管理者变革交易性领导与组织公民行动的关系研究》，博士学位论文，韩国京畿大学，2002。

Schnake 认为，奖励可以有效预测组织公民行为[①]。尹贤哲、李道华认为，以保险公司员工为对象时，交易型领导中只有有条件奖励才与组织公民行为和团队成果有正相关关系[②]。郑东和认为，经过对组织公民行为的途径分析结果显示，只有交易型领导的下位变量中成果奖励对组织公民行为有影响[③]。

通过以上前期研究结果，推论交易型领导对组织公民行为产生负向影响，并提出假设 7。

假设 7　交易型领导对组织公民行为产生显著的负向影响。

研究领导力与组织公民行为的直接关系的代表性学者是 Graham，他在研究开发领导力与领导的道德价值过程中提及与组织公民行为的关系。他在研究变革型领导和服务型领导等常用领导力类型和组织公民行为之间的理论性连接关系时作为领导力的激励手段提及组织公民行为[④]。即，对变革型领导的成果研究中的成果方面可以包含组织公民行为。对于领导力类型和组织公民行为关系的前期研究中的观点各异。整理如下。

第一，领导的行为提升下属接受团队目的与使命的意识。这些提升意识让下属超越个人的利害关系，表现为组织公民行为，产生利他行为。[⑤]

第二，领导力对下属的满意度和信任度产生影响，进而影响下属的组织公民行为。[⑥]

---

①　Schnake, M., "Organizational Citizenship: A Review, Proposed Model, and Research Agenda", *Human Relations*, No. 44, 1991, pp. 735 – 759.

②　尹贤哲、李道华:《变革型领导对非正式营业员工的组织公民行为及成果的影响》,《人文社会论文集》2003 年第 14 卷第 1 期, 第 183—192 页。

③　郑东和:《体育中心领导能力类型" 对参与者的生活方式和组织市民行为的研究》, 博士学位论文, 韩国中央大学, 2004 年。

④　Graham, J. W, *Organizational Citizenship Behavior: Construct, Redefinition Operationalization, and Validation*, ILL, Chicago: Loyola University of Chicago, 1989.

⑤　Bass, B. M. & Avolio, B. J., "The Implications of Transactional and Transformational Leadership for Individual, Team and Organizational Development", in W. Pasmore and R. Woodman (eds), *Research in Organizational Change and Development*, Vol. 4, Greenwich, CT.: JAI Press, 1990.

⑥　Mackenzie, S. B., Podsakoff, P. M. & Fetter, R., "Organizational Citizenship Behavior and Objective Productivity as Determinants of Managerial Evaluations of Salesperson's Performance", *Organizational Behavior and Human Decision Processes*, No. 50, 1991, pp. 123 – 150.

Avolio 和 Bass 认为，变革型领导中特别是领袖魅力对组织公民行为的尽责行为产生直接影响①。Koh 等分析校长的变革型领导力对老师的态度和学生的学业成果产生的影响。② 其结果发现变革型领导对预测组织公民行为产生积极影响。即，变革型领导特征更高的领导对比其他领导，形成下属更高的承诺水平及组织公民行为。金在亨认为，变革型领导中的领袖魅力对组织公民行为的忠诚行为（运动员精神）、信息行为（礼仪性）、对人关系行为、利他行为、自我开发行为（公民精神）、尽责行为等所有下位变量有显著的影响。③ 更具体的有，领袖魅力对忠诚行为，智力激励对自我开发行为，领袖行为对尽责行为产生显著的影响。尹贤哲和李道华的以保险公司员工为对象的研究中显示，下属的组织公民行为受到领导力组成因素中领袖魅力的影响最多，团队成果受到领导力组成因素中智力激励的影响最多；④ 金德尚认为，变革型领导及交易型领导对组织公民行为都产生正面影响。⑤ 金再峰认为，情感承诺及变革型领导对生产、技术岗位；变革型领导、内在满意度、程序公平性、规范承诺等对研究开发岗位产生影响。⑥ 吴太沅认为，变革型领导以自我管理为基础，因此，这意味着下属充满自信去挑战更多的责任，主动工作。⑦ 随着变革型领导提升组织成员们接受组织或团队的目的与使命的意识时，提升的意识让他们超越个人的利害关系并产生组织公民行为，变革型领导

① Avolio, B. J., & Bass, B. M., Transformational leadership, charisma, and beyond [A]. In J. G. Hunt, B. R. Baliga, H. P. Dachler, & C., A. Schriesheim (Eds.), *Emerging Leadership*, vistas: 29 – 49, Lexington, MA: Lexington Books, 1988.

② Koh, W. L., Steers, R. M. & Berborg, J. R., "The Effects of Transformational Leadership on Teacher Attitudes & Student Performance in Singapore", *Journal of Organizational Behavior*, No. 16, 1995, pp. 319 – 333.

③ 金在亨：《关于变革型领导对组织公民行为的影响研究》，硕士学位论文，首尔大学，2000 年。

④ 尹贤哲、李道华：《变革型领导对非正式营业员工的组织公民行为及成果的影响》，《人文社会论文集》2003 年第 14 卷第 1 期，第 183—192 页。

⑤ 金德尚：《变革型及交易型领导对组织公民行为的影响》，硕士学位论文，延世大学，2002 年。

⑥ 金再峰：《对影响组织公民行为因素的研究》，《韩国产业经济研究》2000 年第 13 卷第 1 期，第 337—356 页。

⑦ 吴太沅：《变革型领导、交易型领导及领导与下属联系对组织公民行为的影响：组织支援认知与组织定义的媒介作用》，博士学位论文，庆南大学，2004 年。

通过倡导下属的信任和满意度，产生主动性组织公民行为。即，变革型领导提高相互协作，遵守规则，主动与同事维持协作性和良好的人际关系的组织公民行为。李超平、孟慧、时勘通过对中国背景下几家企业的"领导者与下属"匹配的调查数据，研究了变革型领导对组织公民行为产生的影响。结果显示，这两个变量呈正相关，具体表现为领导对下属的个性化关怀能够使下属表现出有利于他人的行为、对组织的责任意识以及公民美德和文明礼貌的一些相关行为。①

通过以上前期研究结果，推论变革型领导对组织公民行为产生正向影响，并提出假设 8。

假设 8　变革型领导对组织公民行为产生显著的正向影响。

对工作满意度概念，关于组织内人的问题的关注和研究有很多种，其结果表明工作满意度是多元化概念，与组织的多种成果因素有关联。朴荣泰研究结果显示，具备较高工作满意度的人对工作持积极的态度，对工作不满意的人对工作持消极的态度②。因此，组织成员对自己在组织内所负责的工作满意与否与其组织的成果挂钩，具有非常重要的意义。根据成员对工作的满意程度，对组织持有积极或消极的想法，这些都会对组织的成果产生影响。所以，与组织成员的多种成果相关联的工作满意度高的时候会减少离职或缺勤，呈现更多的组织公民行为。另一方面的研究结果显示，满意度并不是因为提高生产效率而增加成果，因此，对于获得较高成果的成员必须有相应的奖励才能提高他们的满意度。这就是成果通过奖励带动满意度的见解。③

申有根提到的工作满意度的重要意义：第一，工作满意度对工作成果的影响虽然在实证分析上存在争议，但大部分一线管理人员还是认可这一点；第二，个人对工作满意时对外界也是积极的；第三，工作满意度高的时候离职率和缺勤率会降低，其结果对生产效率有积极效果④。

---

①　李超平、孟慧、时勘：《变革型领导对组织公民行为的影响》，《心理科学》2006 年第 1 期，第 175—178 页。

②　朴荣泰：《基层政府负责人的领导力类型对公务员的组织承诺产生的影响：赋权参数为中心》，博士学位论文，韩国启明大学，2006 年。

③　Luthans, F., *Organization Behavior*, 3rd ed., New York: McGraw‐Hill Book Co., 1998.

④　申有根：《组织行为论》，首尔：多山出版社 1991 年版。

Allen 和 Meyer 认为，个人因为对组织投资太多而对组织承诺的持续承诺与 Becker 的 "eside – bet" 伦理是一脉相承的，从员工认为其他组织能够充分补偿自己的投资时随时能够离开现有组织从这一方面来看持续组织承诺与离职关系有正相关关系。① 通过与离职相关的前期研究，认为工作关联特征、组织特征、就业经历变量、地区社会支持、个人的社会经济特性、工作满意度、组织奉献等在什么样的关系下对离职意向产生影响有争论的余地，但是，通过多种前期研究，提出的影响离职的先行因素也很多。所提出的有，组织结构特征、组织行为论特征、个人特征、离职容易等先行因素 。

Price 和 Mueller 认为，与离职相关的各种变量通过中间人对离职产生影响，主张普遍性、参与度、沟通、整合、薪酬、正义论、晋升机会通过工作满意度和离职意向，对离职意向产生影响②。Lee 等通过实证分析表明，工作成果通过工作满意度和组织承诺等调整因素对离职产生显著的影响，③ Mobley 也认为工作满意度有可能是离职的一个因素，与离职有负相关关系。④

刘炳坤认为，薪酬、晋升机会、监督方法、工作满意度等曾被指出是离职的主要原因，因此，员工的满意度和相关变量与离职意向有深层次的关联⑤。郑秉在认为，已经确认晋升、薪酬还有工作态度对离职的影响是最大的，因此，制度因素的工作内容、离职对策、人际关

---

① Allen, N. J. & Meyer, J. P., "The Measurement and Antecedents of Affective, Continuance, and Normative Commitment to the Organization", *Journal of occupational Psychology*, No. 63, 1990, pp. 1 – 18.

② Price, J. L & Mueller, C. W., Handbook of Organizational Measurement, Massachusetts: Pitman Publishing, 1986.

③ Lee, T. W., Ashford, S. J., Walsh, J. P., & Mowday, R. T., "Commitment Propensity, Organizational Commitment, and Voluntary Turnover: A Longitudinal Study of Organizational Entry Processes", *Journal of Management*, No. 18, 1992, pp. 15 – 32.

④ Mobley, W. H., *Employee Turnover: Causes, Consequences, and Control, Reading*, MA: Addison – Wesley, 1982.

⑤ 刘炳坤:《组织结构和组织文化对变革型、交易型领导与组织有效性关系产生的组织效果与研究》，博士学位论文，檀国大学，2011 年。

系、工作满意度、组织贡献、人事制度等变量对离职有很大的影响。[①]
李德劳在关于工作满意度和离职意向相互关系的研究中，以国内 4 个企业 376 名员工为对象进行工作满意度的下位变量，工作本身、薪酬、晋升、上司、同事等满意度对离职意向的影响分析。[②]

工作满意度的组成非常复杂，同时工作本身与工作任务、责任、薪酬等是相互关联的，因此，很难对工作满意度因素进行独立调查研究。

在组织内对工作的不满增加时员工对组织的满意度会受到很大影响，最终对员工的离职意向产生影响。Wasmuth 和 Davis 认为，工作不满因素中，工资、工作条件、管理人的素质、其他公司和更好的待遇的诱惑等对离职意向产生影响。[③] Babakus 等认为，工作满意度对组织承诺产生积极影响，对离职意向产生负面影响。[④]

综合这些前期研究结果，可以推论出工作满意度对离职意向产生负向影响。同时，在本研究中提出工作满意度对离职意向产生负向影响的假设 9。

假设 9　工作满意度对离职意向产生显著的负向影响。

对组织承诺和离职意向的大部分研究报告显示，组织承诺对离职意向产生负面影响。[⑤] Meyer 等[⑥]、Stinglhamber 和 Vandenberghe[⑦] 证明负面组织承诺和离职意向存在负相关关系，指出组织承诺的情感承诺方面在

①　郑炳在：《关于奖励的认知对工作满意度与离职意向的影响研究》，《HRD 研究》2002 年第 4 卷第 2 期，第 52—70 页。

②　李德劳：《关于工作满意度和离职意向的关系研究》，《韩国人力资源管理研究》2006 年第 13 卷第 1 期，第 24—53 页。

③　Wasmuth, W. J., & Davis, S. W., "Managing Employee Turnover", *Cornell Hotel and Restaurant Quarterly*, Vol. 23, No. 4, 1983, pp. 15 – 22.

④　Babakus E., Cravens D., Johnston M., Moncrief W., "The Role of Emotional Exhaustion in Sales Force Attitude and Behavior Relationships", *Journal of Academy Marketing Science*, No. 27, 1999, pp. 58 – 70.

⑤　Becker, T. E., "Foci and Bases of Commitment: Are They Distinctions Worth Making?" *Academy of Management Journal*, No. 32, 1992, pp. 232 – 244.

⑥　Meyer, J. P., Stanley, D. J., Herscovitch, L., & Topolnytsky, L., "Affective, Continuance, And Normative Commitment to the Organization: A meta – analysis of Antecedents, Correlates And Consequences", *Journal of Vocational Behavior*, No. 61, 2002, pp. 20 – 52.

⑦　Stinglhamber, F., & Vandenberghe, C., "Organizations and Supervisors as Sources of Support and Targets of Commitment: A Longitudinal Study", *Journal of Organizational Behavior*, Vol. 24, No. 3, 2003, pp. 251 – 270.

测评中表象强烈。这种组织承诺和离职意向的关系如同 Buchanan 提出的因为组织承诺概念本身就包含想要留在组织的强烈需求，因此，组织承诺和离职意向是很明显的负面关系，组织承诺高的员工离职意向低①。

还有 Mathieu 和 Zajac②、Tett 和 Meyer③ 等诸多研究中一致提出，组织承诺是能够说明实际离职或离职意向的强烈变量。相反，在国外研究中陆宗术发表了组织承诺与离职意向没有关系的研究报告。④

关于组织承诺和离职意向关系的研究并不多，因此，两者关系的普遍性方面还存在局限性。组织承诺低的员工对自己的岗位没有使命意识，也不会投入自己的工作领域，因此，有可能对自己的处境产生不满，如果有更好的机会时会表现出容易离职的倾向。与这些见解相同，Bedeian 等⑤、Carson 和 Bedeian⑥ 的研究报告指出，对于组织承诺和离职意向关系的大部分前期研究结果都是组织承诺对离职意向产生负面影响的。还有，李总根在关于高尔夫教练的职业承诺决定因素与结果因素的研究结果报告中提出，工作承诺会降低更换职业的意识。⑦

Steers 指出，组织成员的组织承诺对离职意向的预测能力比工作满意

① Buchanan, B., "Building Organizational Commitment: The Socialization of Manager in Work Organization", *Administrative Science Quarterly*, Vol. 19, No. 4, 1974, pp. 533 – 546.

② Mathieu, J. & Zajac, D. A., "Review and Meta – analysis of the Antecedents, Correlates, and Consequences of Organizational Commitment", *Psychological Bulletin*, No. 108, 1990, pp. 171 – 194.

③ Tett, R. P., & Meyer, J. P., "Job Satisfaction Organizational Commitment, Turnover Intention, and Turnover: Path Analyses Based on Meta – Analytic Findings", *Personnel Psychology*, No. 46, 1993, pp. 259 – 293.

④ 陆宗术：《对体育中心组织成员的组织承诺的原因及结果变量的实证分析》，《韩国社会体育学杂志》2002 年第 18 期，第 331—341 页。

⑤ Bedeian, A. G., Kemery, E. R., & Pizzolatto, A. B., "Career Commitment and Expected Utility of Present Job as Predictors of Turnover Intentions and Turnover Behavior", *Journal of Vocational Behavior*, Vol. 39, 1991, pp. 331 – 343.

⑥ Carson, K. D. & Bedeian, A. G., "Career Commitment: Construction of a Measurement and Examination of It's Psychometric Properties", *Journal of Vocational Behavior*, Vol. 44, 1994, pp. 237 – 262.

⑦ 李总根：《关于高尔夫教练的职业承诺决定因素与结果因素的研究》，博士学位论文，檀国大学。

度高。同时指出，组织承诺和离职意向存在负相关关系。① Mathieu 和 Zajac 综合分析关于组织承诺和离职意向关系的研究结果显示，组织承诺与离职意向存在负面的相互关系。② 公文淑认为组织投入对员工离职有显著的影响，发现工作年限越短离职意向越高。③ Thomas 与 John 以银行市场专员为对象进行的对组织承诺和工作承诺及离职意向的关系研究中发现，组织成员的组织承诺和工作承诺越高离职意向越低。④

金斗植的研究结果发现，情感承诺和持续承诺对离职意向起负面影响，特别是情感承诺比持续承诺对离职意向的影响更大。⑤ 安管荣在关于离职原因的研究中对 Price 和 Mueller⑥ 的模型进行实证分析后探明，组织承诺及生活责任对离职意向起到直接影响，人际关系、公平性、晋升、福利待遇、薪酬水平等通过组织承诺对离职意向起到间接影响。⑦

崔勋在关于个人特征对组织承诺和离职意向的影响研究中发现，情感承诺和持续承诺对离职意向起负面影响。⑧ 还有，组织成员的组织承诺越高期望工作年限越长，离职意向越低。叶仁苏等以国有企业组织成员为对象进行的研究中发现，工作满意度和组织承诺不仅是影响离职意向的重要参数，而且工作满意度和组织承诺与离职意向存在负面相

①　Steers, R. M. , "Antecedents and Outcomes of Organizational Commitment", *Administrative science Quarterly*, Vol. 22, No. 1, 1977, pp. 46 – 56.

②　Mathieu, J. & Zajac, D. A. , "Review and Meta – analysis of the Antecedents, Correlates, and Consequences of Organizational Commitment", *Psychological Bulletin*, Vol. 108, 1990, pp. 171 – 194.

③　公文淑：《不同雇佣形式的组织承诺与离职意向的差异研究》，硕士学位论文，诚信女子大学，2002 年。

④　Thomas, N. M. & John C. H. , "The Multiplicative Interaction Effects of Job Involvement And Organizational Commitment on The Turnover Intentions of Full – and Part – time Employee", *Journal of Vocational Behavior*, Vol. 46, 1995, pp. 310 – 331.

⑤　金斗植：《关于领导力类型与劳动者的赋权、承诺、还有离职意向间的研究》，博士学位论文，京畿大学，1997 年。

⑥　Price, J. L. & Mueller, C. W. , *Handbook of Organizational Measurement*, Massachusetts：Pitman Publishing, 1986.

⑦　安管荣：《关于根据人的特征、工作特征及组织特征的离职管理方案研究》，博士学位论文，韩国仁荷大学，1992 年。

⑧　崔勋：《员工个人特性对组织承诺与离职意愿的影响研究》，《南开管理评论》2003 年第 4 期，第 4—11 页。

互关系。① 赵西萍等认为组织成员的组织承诺和离职意向存在负面相互关系，情感承诺是影响离职意向的最重要因素。② 对情感承诺的影响因素有：工作目标的难易度、组织成员们的依赖度、组织承诺等。

综合这些前期研究结果可以预测组织承诺对离职意向起负面影响。因此，在本研究中把组织承诺分为情感承诺和持续承诺并提出情感承诺和持续承诺对离职意向起到负向影响的假设 10、假设 11。

假设 10　情感承诺对离职意向产生显著的负向影响。

假设 11　持续承诺对离职意向产生显著的负向影响。

分析组织公民行为和离职意向的关系结果如下。Lee 等的研究中提出应提高对参与的认识。他们认为：第一，工作嵌入性可以分为单位内嵌入性和单位外嵌入性两种主要组成因素；第二，这两种组成因素对成果（组织公民行为）和参与（离职、缺勤）指标会产生不同的影响；第三，对成果的决定先行于对参与的结果，随着时间的推移会发生员工的流失现象。③ 其结果，他们认为单位内嵌入性可以显著预测组织公民行为和业务成果，单位外嵌入性显著预测主动离职和有意缺勤现象。也就是说，这和高水平的工作有很大的关系，也有较高的合理性。因此，离职时伴随的牺牲更大，所以有更高的业务执行动力。也就是说工作嵌入性高的员工与更多的项目和同事捆绑在一起，认为自己的工作和自己的能力适合于业务执行。还有，如果自己离职时会失去有价值的东西，因此，业务执行动力自然会高。相应的低执行动力会发生在工作嵌入性低的时候。

Lee 等认为工作嵌入性越高显现出的组织公民行为越高。特别是组织内的从业人员在业务处理上相互作用或依赖时，对同事们有帮助的行为

① 叶仁苏、王玉芹：《工作满意度组 织承诺对国企员工离职影响的实证研究》，《管理世界》2005 年第 3 期，第 122—125 页。

② 赵西萍、刘玲张、张长征：《员工离职倾向影响因素的多变量分析》，《中国软科学》2003 年第 3 期，第 71—74 页。

③ Lee, T. W., Mitchell, T. R., Sablynski, C. J., Burton, J. P., & Holtom, B. C., "The Effects of Job Embededness on Organizational Citizenship, Job Performance, Volitional Absences, and Voluntary", *Academy of Management Journal*, Vol. 47, No. 5, 2004, pp. 711 – 722.

与成为社会关系网络的一部分所起的作用一致①。员工的工作、同事、组织的适合性越高越有可能进行主动的组织公民行为。同时提议，获得帮助的人会感受到获得了其他人的帮助，也会愿意帮助给予自己帮助的人或组织。

　　Wijayanto 和 Kismoso 以在医院工作的员工为对象进行关于工作嵌入性对组织公民行为产生的影响的实证研究。其研究结果表明工作嵌入性和员工组织公民行为存在正相关关系。② 同时，可以在前期研究中找出组织公民行为对业务成果和组织有效性产生影响，主张实际存在组织公民行为的组织成员短期内对自己的业务成果执行有可能产生消极影响。为了帮助落后的同事有可能疏忽自己的工作，降低自己的业务成果。但是从长远来看的话，这种行为会促进组织内成员的主动参与意识，在提高组织整体的效率方面做出贡献。相应的组织公民行为有助于有效管理成员，进而对提高组织整体成果方面做出贡献。

　　Organ 认为，组织公民行为使不足的人力资源能够更有效地利用，从而更加符合生产目的，使这些资源得到利用。③ 还有，组织公民行为对于组织成员执行工作时作为共同工作者提高能力，让管理人员把更多的精力投入规划、解决问题、组织问题分析等生产活动中，可以提高组织的生产效率。可知组织公民行为会对业务成果和组织效率产生影响。通过他们的研究可以更加明确工作嵌入性和达成成果执行之间的关系。过去几十年来，达成成果的执行领域分为职责内和职责外。职责内执行与执行的工作技术标准基础明细类似，相反，组织公民行为占据大部分的职责外。公民行为体现为帮助他人更好地履行职责的从业者行为。④

---

①　Lee, T. W., Mitchell, T. R., Sablynski, C. J., Burton, J. P., & Holtom, B. C., "The Effects of Job Embededness on Organizational Citizenship, Job Performance, Volitional Absences, and Voluntary", *Academy of Management Journal*, Vol. 47, No. 5, 2004, pp. 711 – 722.

②　Wijayanto, B. R., & Kismono, G., "The Effect of Job Embededness on Organizational Citizenship Behavior—The Mediating of Sense of Responsibility", *Gadjah Mada International of Business*, Vol. 6, No. 3, 2004, pp. 335 – 354.

③　Organ, D. W., *Organizational Citizenship Behavior: The "Good Soldier" Syndrome*, Lexington, M. A.: Lexington Book, 1988.

④　刘正兰：《关于工作排外性对组织残留的影响研究》，硕士学位论文，韩国釜山大学，2005 年。

综合这些前期研究结果时可以推测组织公民行为对离职意向起负面影响。因此，在本研究中提出组织公民行为对离职意向起到负向影响的假设 12。

假设 12　组织公民行为对离职意向产生显著的负向影响。

把中国 IT 企业员工根据有可能出现社会及文化差异的出生地域分为东北部和东南部的 IT 企业员工后，验证其认知中的管理者领导力类型和组织满意度、组织承诺、组织公民行为及离职意向变量间的影响关系表现有何不同。通过本研究，我们将检验领导力在中国 IT 行业离职管理中的有效性。

中国是由 56 个民族组成的多民族国家，拥有多种文化与传统。当然，汉族人口占 91.5%，占绝对多数，但占有 8.5% 的少数民族人口可以自由使用自己的语言与文字，保持自己的风俗习惯，可以自由发展自己的民族文化，这是根据 1952 年《中华人民共和国民族区域自治实施纲要》确定并持续到现在。中国根据历史与地理标准可以分为东部、中部、西部。西部相比东部和中部经济发展速度慢很多。西部 12 个省（区、市）的土地面积占全国土地面积的 71.4%，因此，西部开发成为中国主要的话题。这样的东西部差异可以认为是主要有产业结构差异造成的。这种东西部差异从 1978 年中国改革开放以来不但没有缩小反而更加扩大。同时，作为同样的中国人，南北方人之间在文化上存在很大的差异。这样的文化差异也会反映到消费者行为上表现出来，北方人相比南方人收入水平低，在购买特定财物或服务之前会精打细算，注重实用性，对流行和时尚较迟钝。相比南方人具有较强烈的能够显示自己的富裕、社会地位、职业等的炫耀性消费倾向，相比实用性，对流行和时尚更加敏感。

另外，中国消费者价值观的变化在大的框架上可以分为三点。第一是政治、经济史上的价值观变化，由传统的反拜金主义价值观急剧变化为反传统的拜金主义。第二是社会生活价值观的变化，由单位中心的集体主义变为家庭中心的个人主义。这与核心家庭化现象重叠起来带有加剧其变化的倾向。第三是在经济生活上，社会主义理念的平均主义变为现实主义的经济性差异化并逐渐成熟。

1996 年刊登于中国《香港明报》的以中国四大城市市民为对象进行的对相互间的印象和对自己地区的印象调查的结果显示，其他地区人们对广州人的印象是：具有机灵、勤奋、奋发的同时有生意头脑等优点，同时具有讨好权力与利益的缺点。对武汉人的印象是：勤奋、奋发、朴素、率直、优秀，但少数人有狡猾的一面。对北京人的印象是：率直、大方、诚实，但有时较为傲慢。对上海人的印象是：正统、机灵、聪明、优秀和勤奋，但少数人也有比较吝啬的一面。但对于自身的评价方面，北京人和武汉人相对严格，相反，广州人和上海人比较宽容，这种差异很有意思。通过这些调查结果，可以很好地看出中国人的区域特性差异。

此外，价值观可能有不同的优先次序，因为它们的重要性取决于不同的社会背景、地区或一代人。所以，对于中国人的文化性价值观有必要分析根据地区而不同的特点。同时，Child 和 Stewart 在研究中外企业合作上表现的经营管理特点时提到在中国国内存在地区间文化差异。

根据这些研究结果提出，把在 IT 企业工作的中国人以北京为中心的东北部和以上海为中心的东南部区分时，各自的领导力和组织相关态度及离职意向的关联性的表现会是不同的如下假设。

假设 13　对东北部和东南部出身的员工，领导力类型对组织相关态度产生的影响会是有差异的。

假设 14　对东北部和东南部出身的员工，组织相关态度对离职意向产生的影响会是有差异的。

第二节　调查设计与实施

一　调查方法及资料收集

为了验证本研究模型，选取在北京市工作、出生于 1980 年以后，来自黑龙江、辽宁、河北、山东、安徽、重庆等全国多个省区市的 IT 行业员工为研究对象。问卷为直接填入式问卷方式，调查人员对调查目的进行充分说明后答卷。调查方法是以中国线上专业调查机构 51 调查网（http：//www. 51diaocha. com）界面为对象，采用自填式问卷调查方法。

本研究使用的自填问卷法第一手材料由封闭式问卷组成。封闭式问卷是提前设定并提示答卷人有可能回答的答案，由答卷人从内容中选择的方式，具有答案标准化易于比较，结果符号化容易分析，降低不正确的应答率等优点,所以选取问卷调查法是非常有意义的。

本研究所需资料都是通过调查问卷收集到的,为了尽可能得到效度和可信度高的答卷,问卷结构提前经过专家对用语的恰当性和理解程度等的研究和修改。问卷调查共用了 10 天,发放 560 份调查问卷,除去不实答卷和无应答问卷,用于分析的问卷共有 520 份。

二 分析方法

把最终采纳的 520 份以调查问卷为基础的资料,使用 SPSS 21.0K 统计软件和 AMOS 21.0 进行分析。分析时使用的统计方法有:描述性统计分析、频率分析、因子分析、可靠性分析、验证性因子分析、共变量结构分析。用于本研究的统计分析方法具体内容如下:

(1)通过信度分析确定了在构成概念中使用的测定变量是否对现象进行连贯性的测定,并求得了表示测量问题的内在 Cronbach's α 系数。

(2)通过原因分析掌握代表结构概念的各项目内变量间的相关关系,适用于凸出结构概念的测试变量和确保可行性。

(3)为了验证各部分研究变量间的因果关系,使用了验证性因素分析和路径分析等共变量结构分析。

(4)为了研究调查对象的特性,使用了频率分析。

第三节　变量界定与测量

一　领导力类型

(一)交易型领导

交易型领导是由交换的观点出发,以交换个人有价值的某些部分为目的,与他人签约获取主导权时发生的,这是为组织付出的努力,为下属交换补偿的领导能力。

第一,权变奖励是领导告知成员应该做什么才能获得奖励,并在达成目标时为了获得相应的奖励做出提示的行为。

第二,例外管理是领导要求成员完成接受的任务,未达成要求时提出警告与处罚的领导行为。

本研究以 Bass①、Bass 与 Avolio②、House 与 Shamir③、刘炳坤④的研究为背景，把"目标达成时可以理解下属的利益或补偿""协助获得与付出努力相应的奖励""按照约定努力的话给予奖励""为了达成目标使用合适的奖励和处罚""重点放在有效管理"5 个问题作为李克特 5 点量表进行测评。

（二）变革型领导

把变革型领导定义为领导与下属相互激发更高的士气与动力的过程并进行研究。感知变革型领导的 3 个变革型因素如下：第一，领袖魅力（Charisma）是指，可以让领导对成员提出未来愿景并激励其达成目标，并得到下属的尊敬和信任的能力；第二，智力激励是指，提高组织成员的理解力与合理性，并带领其解决深奥问题的领导特征；第三，个性化关怀是指，对成员的特别照顾，把成员当作独立的存在待遇、指导和建议的领导特征。

本研究以 Bass⑤、Bass 与 Avolio⑥、House 与 Shamir⑦、刘炳坤⑧的研究为背景，把"下属自觉的工作""让领导感到自豪""强调强烈目标意识的重要性""给予下属完成目标的自信""提出执行自己业务（课题）的新方法"5 个问题作为李克特 5 点量表进行测评。

---

① Bass, B. M., *Leadership and Performance Beyond Expectation*, N. Y.: The Free Press, 1985.

② Bass, B. M. & Avolio, B. J., "The Implications of Transactional and Transformational Leadership for Individual, Team and Organizational Development", in W. Pasmore and R. Woodman (eds), *Research in Organizational Change and Development*, Vol. 4, Greenwich, CT.: JAI Press, 1990.

③ House, R. J. and B. Shamir, "Toward the Integration of Transformational, Charismatic, and Visionary Theories", in Chermers, M. and Ayman, R. eds., *Leadership Theory and Research Perspectives and Directions*, Orlando, FL: Academic Press, 1993.

④ 刘炳坤：《组织结构和组织文化对变革型、交易型领导与组织有效性关系产生的组织效果与研究》，博士学位论文，檀国大学，2011 年。

⑤ Bass, B. M., *Leadership and Performance Beyond Expectation*, N. Y.: The Free Press, 1985.

⑥ Bass, B. M. & Avolio, B. J., "The Implications of Transactional and Transformational Leadership for Individual, Team and Organizational Development", in W. Pasmore and R. Woodman (eds), *Research in Organizational Change and Development*, Vol. 4, Greenwich, CT.: JAI Press, 1990.

⑦ House, R. J. and B. Shamir, "Toward the Integration of Transformational, Charismatic, and Visionary Theories", in Chermers, M. and Ayman, R. eds., *Leadership Theory and Research Perspectives and Directions*, Orlando, FL: Academic Press, 1993.

⑧ 刘炳坤：《组织结构和组织文化对变革型、交易型领导与组织有效性关系产生的组织效果与研究》，博士学位论文，檀国大学，2011 年。

二 工作满意度

工作满意度是个人对工作的态度，代表从评价自己的工作或工作经验的结果得出来的需求满意度程度，对工作本身、工资、晋升、同事、管理监督的满意度定义为工作满意度并进行研究。

本研究以 Quinn 和 Stains①、Steers 和 Porter②、Nyhan 和 Marlowe③、刘炳坤④的研究为背景，把"对业务的全方位满意度""与同事的友好关系维护""工资标准的公正性""晋升的公正性"4 个问题作为李克特 5 点量表进行测评。

三 组织承诺

（一）情感承诺

情感承诺代表的是反映组织成员对组织具有的感性认识、肯定的共识、较高的参与意识，定义为员工的忠诚度、好感度、温馨感、所属感、人情感、幸福感、快乐指数等个人情感上认识到的对组织的热爱程度并进行研究。⑤

本研究以 Organ⑥、Niehoff 和 Moorman⑦、权禹德⑧的研究为背景，把

---

① Quinn, R. E. & Staines, G. L., *The 1977 Quality of Employment Survey*. Michigan: University of Michigan Press, 1979.

② Steers, R. M., and Porter, L. W., "The Measurement of Organizational Commitment". *Journal of Vocational Behavior*, Vol. 14, 1979, pp. 224 – 247.

③ Nyhan, R. C., Marlowe, H. A., "Development and Psychometric Properties of the Organizational Trust Inventory", *Evaluation Review*, Vol. 21, No. 5, 1997, pp. 614 – 635.

④ 刘炳坤：《组织结构和组织文化对变革型、交易型领导与组织有效性关系产生的组织效果与研究》，博士学位论文，檀国大学，2011 年。

⑤ Jaros, S. J., Jermier, J. M., Koehier, J. W. and Sincich, T., "Effects of Continuance, Affective, and Moral Commitment on the withdrawal Process: An Evaluation of Eight Structural Equation Models", *Academy of Management Journal*, Vol. 36, No. 5, 1993, pp. 951 – 995.

⑥ Organ, D. W., *Organizational Citizenship Behavior*: The "*Good soldier*" *Syndrome*, Lexington, MA: Lexington Book, 1988.

⑦ Niehoff, B. P., & Moorman, R. H., "Justice as a Mediator of the Relationship between Monitoring and Organizational Citizenship Behavior", *Academy of Management Journal*, No. 36, 1993, pp. 527 – 556.

⑧ 权禹德：《仆人式领导对组织公民行动的影响研究》，博士学位论文，首尔市立大学，2010 年。

"对现在单位的满意度""同事如同家人的感觉""对单位感到自豪与骄傲""单位的问题就是个人的问题""真心祝愿单位越来越好"5 个问题作为李克特 5 点量表进行测评。

（二）持续承诺

持续承诺定义为，因组织给予的待遇希望留在组织形式的承诺。本研究对持续承诺的定义是，因考虑到离开组织失去自己的各种利益（工龄、未使用带薪年假、无法转移的社保基金等）的计算性心理状态，并对其进行研究。

本研究以 Organ[①]、Niehoff 和 Moorman[②]、权禹德[③]的研究为背景，把"离开单位非常困难""即使有对策也不离开""因为付出太多的时间与努力而不离开""其他单位无法给予目前的待遇"4 个问题作为李克特 5 点量表进行测评。

四　组织公民行为

组织公民行为的定义为，不是因为体系化的奖励体制或规定的压力，而是成员的自发行为。组织公民行为的组成因素分为：利他行为、尽责行为、谦恭有礼、公民道德、运动员精神。

（1）利他行为是有助于组织工作上或面临困难时的自愿行为。意味着有助于他人的组织相关工作的任意行为。

（2）尽责行为是组织成员执行超额完成自身基本职责要求的行为。代表超额完成组织要求的基本职责的任意行为。

（3）谦恭有礼是关于工作提前预防有可能与他人发生的问题的行为。代表为了提前预防与他人的工作相关问题的任意行为。

（4）公民道德是关注组织内活动并积极参与。即，代表以负责任的

---

① Organ, D. W., *Organizational Citizenship Behavior: The "Good Soldier" Syndrome*, Lexington, MA: Lexington Book, 1988.

② Niehoff, B. P., & Moorman, R. H., "Justice as a Mediator of the Relationship between Monitoring and Organizational Citizenship Behavior", *Academy of Management Journal*, No. 36, 1993, pp. 527 – 556.

③ 权禹德：《仆人式领导对组织公民行动的影响研究》，博士学位论文，首尔市立大学，2010 年。

态度参与会议上的争论或讨论等组织的政治性活动的行为。

（5）运动员精神是避免对组织的非议，忍耐组织内发生的琐碎问题或难处理的行为。即，代表自发地忍耐并战胜不平、不满、难处理事情等的行为。

本研究以 Meyer 和 Allen[①] 的研究为背景，把"乐于助人""协助同事工作""帮助新员工尽早适应工作""努力避免同事间的矛盾""重要决策与同事商议""遵守公司的规定或流程"6 个问题作为李克特 5 点量表进行测评。

五　离职意向

离职意向可以定义为，组织成员如果继续在目前所属状态下工作时，认为无法达成个人目标，因此想脱离目前工作的心理状态。虽然无法将离职意向与离职同等对待，但离职意向变为实际离职的概率非常高，这种离职过程通过实证研究调查过。员工的离职在经济上和心理上对组织有相当大的影响。有价值的员工离职是对该员工投资的浪费。再加上目前组织的变化，个人比过去会产生更强烈的离职意向。

本研究以舒尔茨、[②] Mobley[③]、吴志荣[④]的研究为背景，把"不想干了""待遇合适的话想离职""考虑其他公司"3 个问题作为李克特 5 点量表进行测评。

六　问卷问题及前期研究

本研究的问题组成有领导力类型、工作满意度、组织公民行为、组织承诺、离职意向、领导与下属情商人口统计问题等，通过表 4—1 重新组成问卷问题。

---

① Meyer, J. P., & Allen, N. J., "A Three Component Conceptualization of Organizational Commitment", *Human Resource Management Review*, Vol. 1, No. 1, 1991, pp. 61–89.

② ［美］西奥多·W. 舒尔茨著：《论人力资本投资》，吴珠华等译，北京经济学院出版社 1990 年版。

③ Mobley, W. H., "Intermediate Linkage in the Relationship Between Job Satisfaction and Employee Turnover", *Journal of Applied Psyehology*, Vol. 62, No. 2, 1977, pp. 237–240.

④ 吴志荣：《老人医疗福利设施劳动者的离职意向决定因素》，博士学位论文，韩国延世大学，2008 年。

表4—1　　　　　　　　　　　**问卷问题的组成**

概念	内容	前期研究
交易型领导	让下属了解目标达成时的利益或奖励，帮助获得与努力相应的奖励，对符合约定的努力给予奖励，为了目标达成使用合适的奖励与处罚，重点放在有效管理上	Bass（1985）、Bass 和 Avolio（1990）、House 和 Shamir（1993）、刘炳坤（2011）
变革型领导	下属自觉地工作，让领导感到自豪，强调强烈目标意识的重要性，给予下属完成目标的自信，提出执行自己业务（课题）的新方法	
工作满意度	对业务的全方位满意度，与同事的友好关系维护，工资标准的公正性，晋升的公正性	Quinn 和 Stains（1979）、teers 和 Porter（1979）、Nyhan 和 Marlowe（1993）、刘炳坤（2011）
组织公民行为	乐于助人，协助同事工作，帮助新员工尽早适应工作，努力避免同事间的矛盾，重要决策与同事商议，遵守公司的规定或流程	Meyer 和 Allen（1991）
组织承诺	对现在单位的满意度，同事如同家人的感觉，对单位感到自豪与骄傲，单位的问题就是个人的问题，真心祝愿单位越来越好，离开单位非常困难，即使有对策也不离开，因为付出太多的时间与努力而不离开，其他单位无法给予目前的待遇	Organ（1988）、Niehoff 和 Moorman（1993）、权禹德（2010）
离职意向	不想干了，待遇合适的话想离职，考虑其他公司	舒尔茨（1990）、Mobley（1977）、吴志荣（2008）
人口统计问题	性别、出生地、年龄、婚姻状况、工作时间、学历、专业、岗位、职级、规模、行业	

第五章

IT 企业员工离职意向的模型检验

第一节　调查对象的基本情况

一　描述性统计分析

表5—1是显示答题人员的所在企业规模、出生地、年龄、行业、性别、学历、婚姻状况、岗位、职位、工作年数、专业等的分布。这些样本被确定为代表中国普通 IT 工作者的样本，并对其进行了研究。

表5—1　　　　　　　　　标本的人口统计特征

		频率	比例（%）
所在企业规模	200 人以下	199	38.3
	200—300 人	150	28.8
	300—400 人	78	15.0
	400—500 人	38	7.3
	500 人以上	55	10.6
	总计	520	100.0
出生地	东北部	343	66.0
	东南部	177	34.0
	总计	520	100.0
年龄	25 岁及以下	142	27.3
	26—30 岁	211	40.6
	31—35 岁	107	20.6
	36—40 岁	47	9.0
	41 岁及以上	13	2.5
	总计	520	100.0

续表

		频率	比例（%）
行业	信息通信	16	3.1
	SI	43	8.3
	IT 咨询	172	33.1
	软件	138	26.5
	贸易	151	29.0
	总计	520	100.0
性别	男	368	70.8
	女	152	29.2
	总计	520	100.0
学历	高中	65	12.5
	大学	211	40.6
	研究生及以上	244	46.9
	总计	520	100.0
婚姻状况	未婚	232	44.6
	已婚	288	55.4
	总计	520	100.0
岗位	白领	186	35.8
	销售	141	27.1
	生产	77	14.8
	研究	116	22.3
	总计	520	100.0
职位	老板	88	16.9
	专业技术人员	249	47.9
	一般职员	183	35.2
	总计	520	100.0
工作年数	3 年及以下	201	38.7
	4—6 年	158	30.4
	7—9 年	72	13.8
	10—12 年	52	10.0
	13 年及以上	37	7.1
	总计	520	100.0
专业	IT 相关专业	370	71.2
	经商系列	150	28.8
	总计	520	100.0

按照应答者的出生地分布分析结果如表5—2所示。

表 5—2　　　　　　　　　标本的应答者出生地分布

地域	省份	频率
东北部	吉林省	13
	辽宁省	10
	北京	254
	河北省	26
	山东省	22
	黑龙江省	18
	小计	343
东南部	甘肃省	9
	江苏省	30
	广东省	36
	广东省	11
	福建省	7
	山西省	16
	上海	8
	四川省	6
	安徽省	7
	浙江省	8
	重庆	8
	湖南省	19
	湖北省	16
	小计	177
总计		520

第二节　领导风格的影响

一　测评工具的有效性和可靠性分析

（一）对测评项目的有效性验证

有效性分析代表要测评的概念或属性是否正确测评。即，为了测评特定概念或属性而开发的测评工具是否能够正确反映该属性的相关问题。

系统评价有效性的方法有，聚合效度（convergent validity）和区别效度（discriminant validity）。聚合效度的要求是，同一概念通过不同方式测评的值之间必须有很高的相互关系。区别效度是利用不同组成概念间的相互关系必须要低这一点评价组成概念的有效性。

本研究中为了确保测评工具的内容有效性，提前确认问题的语句及内容的明确性等，通过现有的文献研究整合了足够的问题。同时为了验证概念是否具有有效性，进行了因素分析。接着利用各自的测评手段实施测评后，根据各问题间的相互关系对有效性进行评价。进行因素分析之前，研究各变量间的相互关系，必须进行去除几乎没有相互关系的变量等的净化工作。接着在本研究中通过相互关系分析掌握了各变量间的结构性相互关系。但是相互关系矩阵的分量过于庞大，因此未能在本书中添加。相应地，在因素分析和可靠性分析后利用测评变量进行相互关系分析。

本研究中的因素提取使用了主成分分析。主成分分析是对多个相关性反应变量进行提取后的资料，把它们缩小、整合成少于变量个数后，通过其内容分析变量间的相关关系的多变量分析方法。

因素提取使用的是，从通常的对象相关矩阵中提取相关矩阵诱导因素时，保留与相关矩阵的固有值（eigen value）一个以上因素数量的相应数量因素的方法。使用分配率的方法，把各变量的固有值按照变量的数量分配时可以求得各变量可以解释的因素共同分配对总分配的比率。社会科学上，解释整体分配的 60% 以上是通用标准。如上获得的早期因素模式矩阵即使可以通过变量与因素间的相关系数进行解释，但很难对因素赋予意义。因此，为了易于解释因素的因素所持有的概念，作为变成简单结构的方法，进行因素旋转。本研究采用的因素旋转是最大（varimax）直角旋转法。此方法将把因素矩阵的矩阵分配合计最大化，把矩阵简单化的方法。

对于本研究所使用的变量，以前期研究为背景组成问卷确保了内容效度与结构效度，但现有的研究和对象不同，为了明确形成组成概念的个别项目在尺度内起到有效作用，通过因素分析对测评标准进行了提炼。

从因素分析结果中，显示各变量与因素间相关关系程度的因素负荷量，去除低于 0.4 的问题。因素负荷量没有明确的标准，但一般情况下 0.4 以上大体上认为是可以接受，超过 0.5 时可以确定为非常重要的变量。同时，通过提取出因素各变量能够解释多少的共性值，低于 0.4 时可以认为解释各因素的相关项目缺乏解释力，因此也剔除这种变量。

如表 5—3 所示，利用对研究变量的测评变量，使用主成分分析法，保留与相关矩阵固有值（eigen value）一个以上因素数量的相应数量因素的方法进行因素分析。

分析对于测评问题的因素分析结果发现，因素负荷值与共性项目都是超过 0.4 以上的值，因此，无须标准提取过程也可以当作确保了单一维度。为了分析对以上各组成概念的因素分析可能性，进行 KMO 样本合理性数值与 Bartlett 球形验证结果都确认因素分析在统计分析上不存在问题。以因素分析结果为背景，确认聚合效度为目的计算平均度量抽样（Average Variance Extracted，AVE）的结果显示，各组成因素的平均度量抽样方差维持在 0.79—0.91 的范围。

本研究以前面提出的因素分析结果为基础进行可靠性分析。可靠性是指一个调查者对测评内容是否以稳定性和连贯性进行测评，是测量测评问题的正确性。可靠性为 1 代表测评误差为 0，问卷犹如测评时从答题人员得到统一反应的，是值得信任的测评工具。但可靠性接近于 0 时，测评误差变大，犹如每次测评时指向不同数值的秤，是无法对答题者反应进行连贯性测评的测评工具。

可信度的种类有再测信度、复本信度、折半信度、问题内部一致性等。本研究使用问题内部一致性，利用了普遍性最高的依据内部一致性的标准可靠性评价方法克朗巴哈系数法（Cronbach's α）或阿尔法系数。本研究中的独立变量与从属变量的 Cronbach's α 为 0.6 以上，当作可靠性标准。[①] 如表 5—3 所示，大部分因素的可靠性系数为 0.7 以上，可以看作拥有较高的可靠性。

---

① 元泰然、郑成员：《统计调查分析》，《韩国 SPSS 学报》2001 年第 2 期。

表5—3　　　　　　　　　　　因子分析结果

因子	问卷问项	因子1	因子2	矩阵特征值	累计分散值比率	Cronbach's α
交易型领导力	交易2	0.787	0.236	2.874	28.744	0.815
	交易1	0.756	0.259			
	交易3	0.713	0.269			
	交易4	0.707	0.105			
	交易5	0.668	0.187			
变革式领导力	变革3	0.128	0.809	2.736	56.104	0.784
	变革4	0.174	0.760			
	变革5	0.237	0.698			
	变革2	0.202	0.692			
	变革1	0.293	0.545			
工作满意度	满意3	0.803		2.432	60.805	0.785
	满意4	0.801				
	满意2	0.772				
	满意1	0.742				
感情性承诺	承诺3	0.787	0.255	2.875	31.939	0.825
	承诺4	0.756	0.233			
	承诺2	0.714	0.355			
	承诺5	0.709	0.108			
	承诺1	0.617	0.388			
持续性承诺	承诺7	0.175	0.781	2.584	60.654	0.791
	承诺8	0.284	0.776			
	承诺6	0.188	0.727			
	承诺9	0.379	0.660			
组织公民行为	OCB4	0.763		3.074	51.233	0.809
	OCB5	0.725				
	OCB1	0.723				
	OCB3	0.713				
	OCB6	0.701				
	OCB2	0.666				
离职意向	离职1	0.886		2.271	75.707	0.840
	离职2	0.869				
	离职3	0.855				

（二）相关关系分析

为了分析变量间的潜在关系进行相互关系分析。一般对于相互关系的大小，每个学者标准不同，容易造成人为标准的评价。相互关系的大小指的是单一的相关关系，即，只显示两个变量间的相互关系，因此，本研究考虑到这一部分，直接使用了 SPSS 21.0 统计软件显示的相关系数及显著性概率。

本研究的结构方程式所使用的研究变量间的相关关系分析结果如表 5-4 所示。通过本研究的相关关系分析时，在测评变量的其他因素组合比较中可以看出整体上相关关系有显著的表现。

表5—4   相关关系分析

	交易型领导力	变革型领导力	工作满意度	情感承诺	组织持续承诺	公民行为	离职意向
交易型领导	1.000						
变革型领导	0.533**	1.000					
工作满意度	0.518**	0.588**	1.000				
情感承诺	0.471**	0.570**	0.616**	1.000			
持续承诺	0.355**	0.478**	0.538**	0.628**	1.000		
组织公民行为	0.466**	0.538**	0.564**	0.692**	0.518**	1.000	
离职意向	-0.134**	-0.049	-0.068	-0.101*	-0.042	-0.048	1.000

注：** 表示 0.05 水平（双侧）显著。

二　验证性因素分析

验证性因素分析是从现有的理论或经验性研究结果中，关于可以成为分析对象的前期知识或理论结果，对其内容进行假设形式模型化的方法。同时建立特定假设，分析其对资料中被观察到的关系的解释程度。还有，研究者对成为分析对象的变量，把其内容以假设的形式模型化。即，验证性因素分析中导入依据前期研究或其他见解的因素和观察变量之间的关系，调查其假设与数据有无矛盾之处。验证性因素分析用于检测因素。

对于本研究的测评项目，按照各研究单位进行验证性因素分析，在分析过程中剔除阻碍单一维度的项目。在各个阶段，为了评价凸显项目组成的最佳状态下的拟合优度指数，使用 GFI（Goodness - of - Fit Index：0.9 以上最佳），AGFI（Adjusted Goodness - of - Fit Index：0.9 以上最佳），RMR（Root Mean Square Residual：越小越好），NFI（Normed Fit Index：0.9 以上最佳），χ^2（越小越好），对 χ^2 的 p 值（0.05 以上最佳）等。[①] 对组成各研究单位的测评项目的验证性因素分析结果如表5—5所示。

表5—5　　　　　　　　　　　确认因子分析结果

研究单位	路径系数	标准误差	临界比值	AVE	模型拟合度
交易 5	0.734	0.057	12.803		
交易 4	0.681	0.055	12.342	0.675	
交易 3	0.822	0.054	15.236		
交易 2	0.981	0.057	17.193		$\chi^2 = 48.888$，$df = 34$，$p = 0.047$，
交易 1	1.000				GFI $= 0.981$，AGFI $= 0.970$，
变革 14	1.000				NFI $= 0.971$，CFI $= 0.991$，
变革 13	0.992	0.086	11.558		RMR $= 0.029$，RMSEA $= 0.029$
变革 12	0.933	0.078	11.909	0.774	
变革 11	0.975	0.084	11.565		
变革 4	0.829	0.082	10.056		

---

① Gefen, D., D. Straub and M. Boudreau, "Structural Equation Modeling and Regression: Guidelines for Research Practice", *Communications of the Association for Information Systems*, Vol. 4, No. 7, 2001, pp. 1 –78.

研究单位	路径系数	标准误差	临界比值	AVE	模型拟合度
满意 1	0.888	0.066	13.462		
满意 3	0.927	0.067	13.924	0.682	
满意 7	0.986	0.069	14.323		
满意 8	1.000				
承诺 1	1.000				
承诺 3	0.939	0.06	15.551	0.663	
承诺 4	0.883	0.059	14.889		
承诺 7	0.758	0.058	12.965		$\chi^2 = 369.805$，$df = 142$，$p = 0.000$，
承诺 16	0.888	0.07	12.601		GFI $= 0.929$，AGFI $= 0.905$，
承诺 17	0.893	0.068	13.095	0.812	NFI $= 0.908$，CFI $= 0.941$，
承诺 18	1.000				RMR $= 0.041$，RMSEA $= 0.055$
OCB3	1.000				
OCB5	0.906	0.076	11.917		
OCB12	0.957	0.078	12.218	0.771	
OCB13	0.967	0.074	13.143		
OCB15	0.955	0.077	12.41		
离职 1	1.000				
离职 2	0.925	0.053	17.329	0.624	
离职 3	0.885	0.052	16.932		

三 假设验证

(一) 研究模型验证

1. 研究模型验证方法

本研究模型的验证目的在于验证交易型领导、变革型领导、工作满意度、组织承诺、组织公民行为、离职意向之间存在何种影响关系。为了验证这些研究问题，对表 5—6 的研究模型，分别利用 AMOS 21.0，通过共变量结构分析验证组成模型。

为了评价共变量结构分析模型的拟合优度指数，进行验证或各种拟合优度指数计算。验证一般使用卡方检验，拟合优度指数有多重研究，GFI（Goodness – of – Fit Index），AGFI（Adjusted Goodness – of – Fit Index）, AIC（Akaike's Information Criterion）, NFI（Normed Fit Index）等用得较多。还有, RMR（Root Mean Square Residual）, RMSEA（Root Mean Square Error of Approximation）也备受关注。

AMOS 21.0 中, 显著水平大于 0.05 时看作模型适合于观察数据。拟合优度指数（GFI）一般大于 0.9 时看作模型拟合,[①] 调整拟合优度指数（AGFI）为 0.9 以上时认为是好的模型。[②] 还有 RMR 或 RMSEA 为 0.05 以下时可以认为模型拟合。[③] 另外, 结构分析把因果系数（Estimate）用标准误差（S. E.）分成的临界比值（C. R.）的 t 值 1.96 以上时独立变量对他变量的显著性水平为 5%, 一般可以看作产生显著影响。全体样本的结构模型验证结果如表 5—6 所示。

表 5—6　　　　　　　　　　　结构方程模型的拟合度

研究模型	值	标准值
χ^2	825.569	越小越好
χ^2/df	2.268	1—5 之间的值越好
PGFI	0.749	0—1 之间的范围内越高越好
GFI	0.895	比 0.9 大的话好
AGFI	0.874	比 0.8 大的话好
NFI	0.868	比 0.9 大的话好
IFI	0.921	比 0.9 大的话好
PNFI	0.778	越大越好
TLI	0.912	越大越好
RMSEA	0.049	比 0.08 小的话好, 比 0.05 小的话更好
ECVI	1.864	小的话好

①　James, L. S., S. A. Mulaik and J. M. Brett, *Causal Analysis：Assumptions, Models, and Data*, SAGE：Beverly Hills, CA, 1982.

②　Gefen, D., D. Straub and M. Boudreau, "Structural Equation Modeling and Regression：Guidelines for Research Practice", *Communications of the Association for Information Systems*, Vol. 4, No. 7, 2001, pp. 1–78.

③　Joreskog, K. G. and D. Sörbom, "Model Search with TERRAD II and LISREL", *Sociological Methods and Research*, Vol. 19, No. 1, 1989, pp. 201–210.

判断结构方程模型结果凸显出具备 $\chi^2 = 825.569$，自由度（df） = 364，$p = 0.000$，GFI $= 0.895$，AGFI $= 0.874$，IFI $= 0.921$，CFI $= 0.921$，RMR $= 0.043$，RMSEA $= 0.049$ 的模型。此模型与上面提到的共变量结构分析中按照通用评价标准的指标相比较时显示，χ^2 值较高，p 值比标准低等与标准稍差的数据。此时 χ^2 存在随着对象数量的增加值变大的倾向，因此考虑到案例数量驳回模型的问题，提出各种适合度指标。TLI（Tucker – Lewis Index）是可以辅助 χ^2 指标问题的指标。TLI 的优点是对资料大小不敏感，越接近 1 代表拟合度越好。包括 TLI 指数在内的其他模型拟合度指数，大体上是能够满足标准的值，可以看作是满足了模型拟合度，并判断为拟合。

2. 研究模型的结构方程模型验证

利用 AMOS 的测评模型进行验证性因素分析结果，全部拟合指数都不存在问题。对各组成概念的因素负荷在统计上也是显著的。结构分析把因果系数（Estimate）用标准误差（S. E.）分成的临界比值（C. R.）的 t 值 1.96 以上时独立变量对他变量的显著性水平为 5%，一般可以看作产生显著影响。对本研究设置的研究模型进行验证的结果如表 5—7、图 5—1 所示。

表 5—7　　　　　　　　　　　　结构模型路径分析结果

假设	路径	路径系数	标准误差	临界值	p	验证
H1	交易型领导对工作满意度产生显著的负相关	− 0.016	0.064	− 0.255	0.799	驳回
H2	变革型领导对工作满意度产生显著的正相关	1.007	0.107	9.399	0.000 **	采纳
H3	交易型领导对情感承诺产生显著的负相关	− 0.240	0.075	− 3.178	0.001 **	采纳
H4	变革型领导对情感承诺产生显著的正相关	1.344	0.131	10.291	0.000 **	采纳
H5	交易型领导对持续承诺产生显著的负相关	− 0.250	0.081	− 3.071	0.002 **	采纳
H6	变革型领导对持续承诺产生显著的正相关	1.133	0.127	8.892	0.000 **	采纳
H7	交易型领导对组织公民行为产生显著的负相关	− 0.123	0.061	− 2.024	0.043 **	采纳
H8	变革型领导对组织公民行为产生显著的正相关	0.985	0.104	9.451	0.000 **	采纳
H9	工作满意度对离职意向产生显著的负相关	− 0.031	0.157	− 0.199	0.842	驳回
H10	情感承诺对离职意向产生显著的负相关	− 0.378	0.172	− 2.196	0.028 **	采纳
H11	持续承诺对离职意向产生显著的负相关	− 0.166	0.121	− 1.374	0.169	驳回
H12	组织公民行为对离职意向产生显著的负相关	− 0.177	0.183	− 0.967	0.334	驳回

注：** p 值为 0.05 水平上显著。

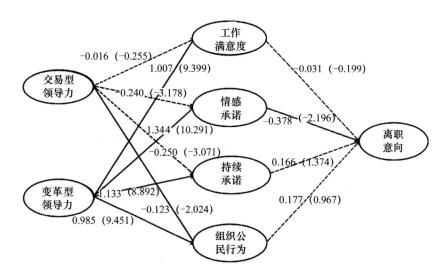

图5—1　结构模型路径分析结果

3. 实证分析结果

概括本研究的实证分析研究结果如下。

（1）交易型领导显示为在统计上对工作满意度没有产生显著的影响，这代表IT企业员工以交换观念与企业及上司的合同关系为根据形成的领导力，通过这种交易型领导无法得到工作满意度。但是，激发领导与下属高水平士气与动力的领导力，通过这种变革型领导显示可以感知到工作满意度。

（2）交易型领导和变革型领导都对组织承诺，即，情感承诺和持续承诺产生显著影响。但是，交易型领导对情感承诺和持续承诺产生负面（－）影响，相反，变革型领导对情感承诺和持续承诺产生正面（＋）影响。这表明通过告知成员应该干什么才能获得奖励，提出目标完成带来的奖励，未达成时进行警告和处罚的交易型领导反而降低工作人员的组织承诺。但是，变革型领导对情感承诺和持续承诺产生相对大的影响，可以说对中国IT企业员工的组织承诺是最有效的领导力形式。

（3）交易型领导和变革型领导都对组织公民行为产生显著影响。但是，交易型领导对组织公民行为产生负面（－）影响，相反，变革型领导对组织公民行为产生正面（＋）影响。与激发组织成员内在动力的变革型领导相比，交易型领导刺激外在动力，因此对组织公民行为无法产生显著的正面（＋）影响。

（4）分析工作满意度、情感承诺、持续承诺、组织公民行为对离职意向产生的影响，其结果表明无法做到情感承诺时离职意向变强。工作满意度与持续承诺，还有组织公民行为对离职意向没有产生显著的影响，但对组织的情感承诺下降时离职意向就会变强，情感承诺上升时离职意向就会变弱。

（5）路径分析结果，分析被驳回的假设时发现，关于交易型领导和工作满意度间的负面（－）关系的假设被驳回。这说明中国 IT 企业的员工感知中的领导的交易型领导，即，告知成员应该干什么才能获得奖励，提出目标完成带来的奖励，未达成时进行警告和处罚的交易型领导与工作满意度没有关系。同时，工作满意度与持续承诺及组织公民行为对离职意向产生影响的假设 9、假设 11、假设 12 全部被驳回，这说明对普通工作的满意度与持续承诺，还有通过作为组织成员的职业道德，组织公民行为的强化无法降低离职意向。中国 IT 企业员工对工作的职业道德水平不高，因此，结果显示工作满意度、持续承诺、组织公民行为并不是离职意向的先行因素。

第三节　南北文化情境差异的作用

一　实证分析

本研究是根据中国 IT 企业员工出生地设定的，进行了关于领导力类型、工作满意度、组织承诺、组织公民行为、离职意向间的影响有何不同的假设 13、假设 14 的验证。接着，为了验证各变量间的影响关系上，工作者的出生地，即，中国东北部和东南部出生的员工对影响关系有无调节效果，使用 Amos 21.0 进行 Pairwise Parameter Comparisons 分析。以各自独立的团队为对象，利用 Critical Ratios for Differences between Parameters 值，进行各团队的路径系数间的交叉 z－value 分析，其结果如表 5—8 至表 5—10 和图 5—2、图 5—3 所示。①

---

① 金圭洙：《结构方程模型分析》，韩国出版社 2007 年版。

表 5—8 东北部出生人员的路径分析结果

假设路径	路径系数	标准误差	临界值	p
交易型领导力 ⇒ 工作满意度	− 0.151	0.084	− 1.790	0.073
变革型领导力 ⇒ 工作满意度	1.212	0.153	7.922	0.000
交易型领导力 ⇒ 情感承诺	− 0.333	0.097	− 3.435	0.000
变革型领导力 ⇒ 情感承诺	1.485	0.178	8.337	0.000
交易型领导力 ⇒ 持续承诺	− 0.319	0.1	− 3.196	0.001
变革型领导力 ⇒ 持续承诺	1.245	0.168	7.408	0.000
交易型领导力 ⇒ 组织公民行为	− 0.202	0.077	− 2.621	0.009
变革型领导力 ⇒ 组织公民行为	1.121	0.143	7.83	0.000
工作满意度 ⇒ 离职意向	0.041	0.192	0.211	0.833
情感承诺 ⇒ 离职意向	− 0.168	0.217	− 0.776	0.438
持续承诺 ⇒ 离职意向	0.166	0.155	1.074	0.283
组织公民行为 ⇒ 离职意向	− 0.023	0.243	− 0.096	0.923

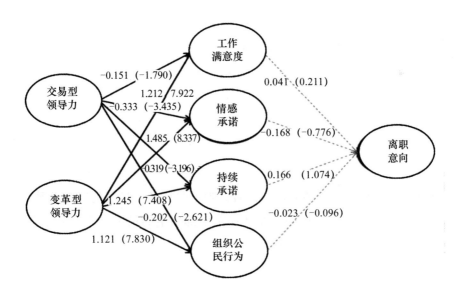

图 5—2 东北部出生人员的路径分析结果（n = 343）

表5—9　　　　　　　　　　东北部出生人员的路径分析结果

假设路径	路径系数	标准误差	临界值	p
交易型领导力 ⇒ 工作满意度	0.270	0.104	2.594	0.009
变革型领导力 ⇒ 工作满意度	0.597	0.138	4.334	0.000
交易型领导力 ⇒ 情感承诺	−0.055	0.119	−0.458	0.647
变革型领导力 ⇒ 情感承诺	1.069	0.185	5.764	0.000
交易型领导力 ⇒ 持续承诺	−0.092	0.146	−0.630	0.529
变革型领导力 ⇒ 持续承诺	0.921	0.2	4.613	0.000
交易型领导力 ⇒ 组织公民行为	0.068	0.101	0.675	0.500
变革型领导力 ⇒ 组织公民行为	0.677	0.144	4.707	0.000
工作满意度 ⇒ 离职意向	−0.097	0.269	−0.362	0.718
情感承诺 ⇒ 离职意向	−0.702	0.275	−2.549	0.011
持续承诺 ⇒ 离职意向	0.139	0.181	0.768	0.442
组织公民行为 ⇒ 离职意向	0.335	0.278	1.205	0.228

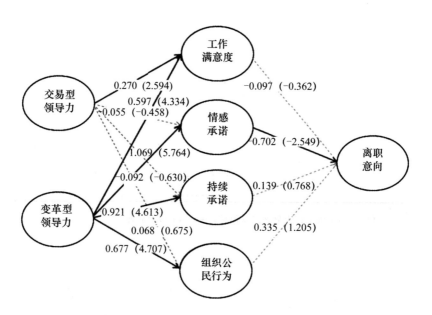

图5—3　东南部出生人员的路径分析结果（n = 177）

表 5—10　　出生地与领导力、组织关联态度及离职意向之间的关系

假设路径	群体	路径系数	p	Z 值
交易型领导力 ⇒ 工作满意度	东北部	S-0.151	0.073	3.142 **
	东南部	0.270	0.009	
变革型领导力 ⇒ 工作满意度	东北部	1.212	***	-2.988 **
	东南部	0.597	***	
交易型领导力 ⇒ 情感承诺	东北部	-0.333	***	1.809 *
	东南部	-0.055	0.647	
变革型领导力 ⇒情感承诺	东北部	1.485	***	-1.616
	东南部	1.069	***	
交易型领导力 ⇒ 持续承诺	东北部	-0.319	0.001	1.284
	东南部	-0.092	0.529	
变革型领导力 ⇒持续承诺	东北部	1.245	***	-1.242
	东南部	0.921	***	
交易型领导力 ⇒ 组织公民行为	东北部	-0.202	0.009	2.129 **
	东南部	0.068	0.5	
变革型领导力 ⇒ 组织公民行为	东北部	1.121	***	-2.188 **
	东南部	0.677	***	
工作满意度 ⇒ 离职意向	东北部	0.041	0.833	-0.417
	东南部	-0.097	0.718	
情感承诺 ⇒ 离职意向	东北部	-0.168	0.438	-1.522
	东南部	-0.702	0.011	
持续承诺 ⇒ 离职意向	东北部	0.166	0.283	-0.113
	东南部	0.139	0.442	
组织公民行为 ⇒ 离职意向	东北部	-0.023	0.923	0.972
	东南部	0.335	0.228	

注:** z 值是 | ±1.96 | 以上显著,* z 值是 | ±1.64 | 以上显著。

二　实证分析结果

分析中国 IT 企业员工的出生地与领导力、组织关联态度及离职意向之间的关系有何不同的假设验证结果之前,先研究各地区的差异如下:

(1) 东北部地区的特征是具有历史优越感、经济意识薄弱、经济开放时间不长等特征。

（2）东北部以北京为中心是权力核心之地，长期以来作为中国的政治中心，部分人带有贵族特征。与这种东北部地区特征形成鲜明对比的东南部地区聚集着诸多从事海外贸易人，因此具备了海派文化与外地文化混合的租界文化特征。以此为基础，长期享受经济上的富裕形成了强烈的经济意识。

（3）经济上属于中国改革开放早期地区，有根深蒂固的经济观念。同时带有地域性自豪感。

对于假设 13、假设 14 的验证结果，通过以中国东北部与东南部的地域差异为根据进行分析，结果如下。

分析东北部出身的劳动者群体的路径分析结果。

（1）研究交易型领导对工作满意度、情感承诺、持续承诺、组织公民行为产生影响，统计上都显示产生了显著的负面（－）影响。东北部出生的员工对比经济观念更重视保守的人际关系，具有传统的思维模式，因此，告诉组织成员应该做什么才能获得奖励，提出目标达成奖励，达不到要求时处以相应的警告和处罚等交易型领导反而会降低工作满意度、情感承诺、持续承诺、组织公民行为。

（2）研究变革型领导对工作满意度、情感承诺、持续承诺、组织公民行为产生的影响，统计结果显示产生显著的正面（＋）影响。这是因为，分析东北部地区的特征时显示具有重视保守人际关系的传统思维模式，因此，出现根据以个人魅力为基础的变革型领导可以提升组织相关态度。

（3）工作满意度、情感承诺、持续承诺、组织公民行为和离职意向之间，都不存在明显的关系。这说明中国东北部出身的劳动者不是因为工作满意度、情感承诺、持续承诺、组织公民行为等组织相关态度而是通过其他因素形成离职意向。

接着分析东南部出身的劳动者群体的路径分析结果。

（1）分析交易型领导对工作满意度、情感承诺、持续承诺、组织公民行为的影响时，发现只有工作满意度在统计上显示为正面（＋）影响。这表明，出生于东南部的员工具有较强的经济观念和地方保护意识等特点，因此，告诉组织成员应该做什么才能获得奖励，提出目标达成奖励，达不到要求时处以相应的警告和处罚等交易型领导是工作满意度的前提条件。

交易型领导对情感承诺、持续承诺、组织公民行为没有明显的影响。

（2）分析变革型领导对工作满意度、情感承诺、持续承诺、组织公民行为的影响时，发现统计结果都显示为明显的正面（＋）影响。这表明，虽然东南部地区特征是经济观念突出，有地方保护主义倾向，但对于以个人魅力为基础的变革型领导与东北部出身劳动者一样表现出组织相关态度越来越高的结果。

（3）分析工作满意度、情感承诺、持续承诺、组织公民行为与离职意向之间的关系时，发现除了情感承诺外都显示为无明显影响。这表明，对于中国东南部出身的劳动者，他们的离职意向不是通过工作满意度、持续承诺、组织公民行为等组织相关态度，而是通过情感承诺及其他别的因素形成。特别是，情感承诺好的劳动者离职意向非常低，这说明提高情感承诺的人力资源管理方案的重要性。

（4）中国 IT 企业员工感知中的领导的交易型或变革型领导对工作满意度、组织承诺、组织公民行为产生影响时，对员工出自地区是否具有调节效果进行了差异性检验发现，交易型领导对工作满意度和组织公民行为产生影响时，劳动者的出生地区产生调节效果。变革型领导对工作满意度和组织公民行为产生影响时，劳动者的出生地区产生调节效果。这可以说是因为东北部出身的劳动者与东南部出身的劳动者对合同的认识上存在的差异造成的，东北部出身的劳动者的交易型领导与工作满意度有负面（－）关系，相反东南部出身的员工有正面（＋）关系。由上可知，相对更早接触市场经济的东南部出身的员工可以对具有经济交易关系的交易型领导产生工作满意度或组织公民行为，与此相比，东北部出身的员工通过内在动力产生强烈的工作满意度和组织公民行为。整理实证分析结果如表5—11所示。

表5—11　　　　　　　　　　研究结果汇总

假设	路径	综合		东北部		东南部	
		路径系数	验证	路径系数	验证	路径系数	验证
H1	交易型领导力 ⇒ 工作满意度	−0.016	驳回	−0.151 *	采纳	0.270 **	采纳
H2	变革式领导力 ⇒ 工作满意度	1.007 **	采纳	1.212 **	采纳	0.597 **	采纳

续表

假设	路径	综合		东北部		东南部	
		路径系数	验证	路径系数	验证	路径系数	验证
H3	交易型领导力 ⇒ 情感承诺	- 0.240 **	采纳	- 0.333 **	采纳	- 0.055	驳回
H4	变革式领导力 ⇒ 情感承诺	1.344 **	采纳	1.485 **	采纳	1.069 **	采纳
H5	交易型领导力 ⇒ 持续承诺	- 0.250 **	采纳	- 0.319 **	采纳	- 0.092	驳回
H6	变革式领导力 ⇒ 持续承诺	1.133 **	采纳	1.245 **	采纳	0.921 **	采纳
H7	交易型领导力 ⇒ 组织公民行为	- 0.123 **	采纳	- 0.202 **	采纳	0.068	驳回
H8	变革式领导力 ⇒ 组织公民行为	0.985 **	采纳	1.121 **	采纳	0.677 **	采纳
H9	工作满意度 ⇒ 离职意向	- 0.031	驳回	0.041	驳回	- 0.097	驳回
H10	情感承诺 ⇒ 离职意向	- 0.378 **	采纳	- 0.168	驳回	- 0.702 **	采纳
H11	持续承诺 ⇒ 离职意向	0.166	驳回	0.166	驳回	0.139	驳回
H12	组织公民行为 ⇒ 离职意向	0.177	驳回	- 0.023	驳回	0.335	驳回

第四节　员工的组织相关态度的相关研究

一　描述性统计分析

通过研究分析，凸显出中国 IT 企业劳动者的组织相关态度中对离职意向的影响因素。为了凸显影响离职意向的组织相关态度，利用 SPSS 21.0 求得组织相关态度及离职意向的技术统计量（平均及标准偏差）值。同时以 3 个问题的平均值为标准，把全体回答人员分为，离职意向回答值在平均以上（2.7846）的群体和回答为平均以下的群体，并进行独立对象 t – test，分析组织相关态度在各群体中是如何表现的（见表 5—12、表 5—13、图 5—4）。

表 5—12　　　　　　组织相关态度及离职意向的技术统计量

变量		N	平均	标准偏差
组织关联态度	工作满意度	520	3.5404	0.71359
	情感承诺	520	3.5908	0.70566
	持续承诺	520	3.3918	0.72987
	组织公民行为	520	3.6673	0.63078
离职意向		520	2.7846	0.93995

表 5—13　　　　　　组织相关态度及离职意向的 t – test 结果

	离职意向	N	平均	标准偏差	t	显著概率（两边）	Levene 等分散验证	
							F	显著概率
工作满意度	高	249	3.4960	0.67201	– 1.361	0.172	2.071	0.151
	低	271	3.5812	0.74868	– 1.367			
情感承诺	高	249	3.5277	0.65223	– 1.959	0.049	3.540	0.060
	低	271	3.6487	0.74793	– 1.970			
持续承诺	高	249	3.3865	0.67794	– 0.158	0.875	5.297	0.022
	低	271	3.3967	0.77575	– 0.159			
组织公民行为	高	249	3.6312	0.56635	– 1.252	0.207	2.687	0.102
	低	271	3.7005	0.68402	– 1.262			

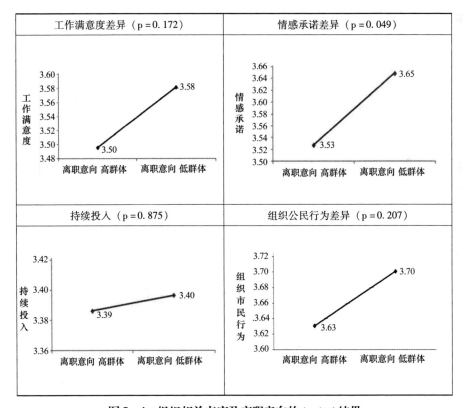

图 5—4　组织相关态度及离职意向的 t – test 结果

二 实证分析结果

研究问题1的分析结果发现，中国 IT 企业劳动者对组织相关态度的技术统计值平均为3.39—3.66，对组织的态度高于平均值。对离职意向的技术统计值平均为2.78，低于平均值。综合起来看，组织相关态度高于普通人，具有善意的态度，离职意向显示为低于普通人。

以此结果为基础，区分成离职意向高的群体和低的群体，并分析各自的组织相关态度差异结果如表5—11 所示，可以凸显组织相关态度与离职意向之间的影响关系。分析结果显示，在离职意向较高的集团中，与离职意向较低的集团相比，组织相关的态度，即工作满意度、情感投入、持续投入、组织市民行动都较低。特别是情感承诺，在统计上显示有显著的差异。以此分析结果为基础可知，工作满意度、情感承诺、持续承诺、组织公民行为全都对离职意向产生显著的影响。

第六章

研究结论与政策建议

第一节 研究结论及启示

一 结论

为验证本研究的模型，选取在北京市工作、出生于 1980 年以后，来自黑龙江、辽宁、河北、山东、安徽、重庆等全国多个省区市的 IT 行业员工为研究对象。发放了 560 份问卷，把最终采纳的共 520 份以调查问卷为基础的资料，用 SPSS 21.0K 分析软件和 AMOS 21.0 进行了分析。

本次研究的实证分析结果汇总如下。

（1）交易型领导对工作满意度无显著影响。但通过大幅提升领导与下属士气和动力的领导力——变革型领导，可以提高工作满意度。

（2）交易型领导和变革型领导对组织承诺，即情感承诺和持续承诺方面都有显著的影响。但是，交易型领导对情感承诺和持续承诺起到的是负面（－）影响，而变革型领导对情感承诺和持续承诺起到的是正面（＋）影响。同时，变革型领导力对情感承诺和持续承诺有更大的影响，可以认为变革型领导是对中国 IT 企业员工的组织承诺最有效的形式。

（3）交易型领导和变革型领导对组织公民行为方面都有显著的影响。但是，交易型领导对组织公民行为起到的是负面（－）影响，相反，变革型领导对组织公民行为起到的是正面（＋）影响。变革型领导是组织成员的内在激励，相反，交易型领导是外在激励。因此，可以说无法对组织公民行为起到正面（＋）影响。

（4）对工作满意度、情感承诺、持续承诺、组织公民行为的分析结果显示，情感承诺不到位时员工离职意向会变强。

员工不同出生地域差异分析结果显示，出生于东北部的员工群体有如下特点。

（1）交易型领导对工作满意度、情感承诺、持续承诺、组织公民行为的影响，统计结果表明都起到了显著的负面（－）影响。

（2）变革型领导对工作满意度、情感承诺、持续承诺、组织公民行为的影响，统计结果显示都起到了显著的正面（＋）的影响。

（3）工作满意度、情感承诺、持续承诺、组织公民行为和离职意向之间，都不存在明显的关系。

出现以上结果的原因可能是，东北部出生的员工对比经济观念更重视保守的人际关系，具有传统的思维模式，因此，告诉组织成员应该做什么才能获得奖励，提出目标达成奖励，达不到要求时处以相应的警告和处罚等交易型领导反而会降低工作满意度、情感承诺、持续承诺、组织公民行为。

出生于东南部的员工有如下特点。

（1）分析交易型领导对工作满意度、情感承诺、持续承诺、组织公民行为的影响发现，只有工作满意度在统计结果中表现出正（＋）相关。交易型领导对情感承诺、持续承诺、组织公民行为没有明显的影响。

（2）分析变革型领导对工作满意度、情感承诺、持续承诺、组织公民行为的影响在统计结果中表现出了明显的负（＋）相关。

（3）分析工作满意度、情感承诺、持续承诺、组织公民行为与离职意向之间的关系除了情感承诺外都显示为无明显影响。这表明，出生于东南部的员工具有较强的经济观念和地方保护意识等特点，因此，告诉组织成员应该做什么才能获得奖励，提出目标达成奖励，达不到要求时处以相应的警告和处罚等交易型领导是工作满意度的前提条件。

二 学术性启示

第一，把交易型领导及变革型领导和组织性联系起来进行综合性、多领域性研究，可以做到全方位分析。特别是在提示交易型领导与变革型领导产生不同影响的状况下，具备了以中国 IT 企业员工为对象验证其效果并提示组织性与变量间的关联性同时明确了其作用的启示。在这点上可知研究的理论深度更加加深并拓宽。这点说明作为以中国的社会体制为依据找出有效的领导力类型的后续研究的前期研究，有着重要的意义。

第二，研究结果显示，变革型领导对工作满意度、组织承诺、组织公民行为等组织成果全都产生重要的影响。因此，本研究结果支持 MacKenzie 等[1]的变革型领导的每个行为因素与组织公民行为的每个组成因素有较高的相互关系的研究及 Koh 等[2]的变革型领导对于预测组织成果产生积极的影响，变革型特征高的领导对比低的领导，形成更高的下属满意度、承诺水平及组织公民行为形式报告。同时在整体上交易型领导的效果为负面（－）效果，显示了中国社会体制及劳动者的认识差异结果。本研究结果支持了 Bass[3] 主张的领导与下属关系为合同关系，是交换关系的过程，因此完成约定结果时给予下属相应的奖励，这就是交易型领导，这种类型的领导会明确提出下属需要达成的结果，并在达成时给予约定的奖励，因此下属为了完成自己的工作会全力以赴；Podsakoff 等[4]主张的支援型领导提高成员的组织公民行为。

第三，对影响离职意向的组织成果进行了最小化的因子验证，深层分析离职意向。因此，对比其他变量提出情感承诺的重要性有一定的启示。

第四，通过本研究结果可知，过去根据结果奖励的交换关系的交易型领导，管理中国 IT 企业员工并激发动力，但现在随着工作环境的变化，交易型领导达到了极限。因此，让中国 IT 企业员工也认识到组织追求的价值、目标和职务成果的重要性，接受提出的变革型领导能力目标，从而达到预期效果。因此，对于员工来说，在意识上也有所变化，在理论上

---

[1] MacKenzie, S. B., Podsakoff, P. M. & Fetter, R., "Organizational Citizenship Behavior and Objective Productivity as Determinants of Managerial Evaluations of Salesperson's Performance", *Organizational Behavior and Human Decision Processes*, No. 50, 1991, pp. 123 – 150.

[2] Koh, W. L., Steers, R. M. & Berborg, J. R., "The Effects of Transformational Leadership on Teacher Attitudes & Student Performance in Singapore", *Journal of Organizational Behavior*, No. 16, 1995, pp. 319 – 333.

[3] Bass, B. M., *Leadership and Performance Beyond Expectation*, N. Y. : The Free Press, 1985.

[4] Podsakoff, P. M., Niehoff, B. P., Mackenzie, S. B. & Williams, M. L., "Do Substitutes for Leadership Really Substitute Leadership? An Examination of Kerr and Jemier's Situational Leadership Model", *Organizational Behavior and Human Decision Processes*, No. 54, 1993, pp. 1 – 44.

得出了需要变革型领导能力的必要性。

第五，通过研究结果确认，中国 IT 企业员工，相比组织的目标达成或组织性，更加在意个人的目标或个人的成果，因此，以给予物质奖励的单纯交换关系无法做到激励。提出外在的变革型领导对工作满意度和组织承诺产生的影响—内外激励起到促进作用的依据，并通过研究结果确认外在激励与内在激励不是相反概念而是相互补充的关系，同时把激励过程及其机理具体化。

除了学术方面的启示以外，实际工作中还可以提出如下几点启示。

第一，管理中国 IT 企业员工的组织有必要对领导的领导力更加关注并应用于实际工作中。可以通过变革型领导的组成因素领袖魅力，信任领导，通过灵感激励展现愿景激发热情，通过个性化关怀关注个人需求。还可以通过智力激励提高对业务执行能力的自信等的领导力训练和交易型领导的组成因素状况奖励，让下属明确认识到关于奖励的利害关系，通过例外管理给下属正确判断负面反馈的领导力训练的必要等启示。

第二，为了有效达成组织目标，领导积极寻找可以给予下属积极和主动行动的给予成员激励的方法是领导的终极目标。劳动者以获得工资为目的提供劳力，把重点放在个人目标或成果达成上，但是，领导持续提高下属对工作自身的重要性与价值的认识，因此受到内在激励激发动力，内外动力共存，估计能够发挥更大的实质性效果。这就是领导的目标达成与进而提高组织性方面的启示。

第三，中国 IT 企业的劳动者由于再就业，劳动时间比以前延长了很多，并在增加的制度趋势下，企业认为它是重要的人力资源，但是对于中国劳动者来说，依旧有着根据合同体系而制定的劳动限制的意识，到目前为止实际中适用的案例并不多，还没有认识到很多实际适用的案例。因此在研究结果中确认了作为组织成员不能具备整体感，并认为需要进一步交换这些信息。

本研究对变革型、交易型领导特征对中国劳动者产生的影响进行研究。同时以激励为媒介，对形成什么因果关系建立假设并进行实证研究。研究结果显示，根据中国劳动者的工作环境变化与意识变化对中国劳动者给予激励并有效管理的领导力方针具有实际意义，对于经理人员缺少的中小企业，在人力资源管理方面也会产生积极影响等启示。

第二节 政策建议

一 北京 IT 企业员工离职预防管理对策

根据分析结果显示：工作满意度和组织承诺是影响员工离职倾向的主要因素。影响工作满意度的三大重要因素是工作属性、职业成长与发展、组织公平；职业成长与发展、人际关系、组织公平成为影响组织承诺的主要因素。北京 IT 企业在进行员工管理时，应高度重视这些主要影响因素。以这些因素为基础，现提出对策如下。

（一）缓解工作本身压力，提高员工工作满意度

具有与时俱进的创新意识和独特的开拓精神是行业的创新性对每一位业内人员所要求的，再加上激烈的行业竞争，在高强度状态下完成工作任务成为 IT 员工的日常，导致员工身心极度疲惫，充满了忧虑、矛盾和恐慌，这一切源于工作的复杂性和挑战性等原因。而由此产生的消极情感因素会直接影响 IT 人员的工作态度，致使个人的工作能力无法正常发挥。长此以往，极有可能会使 IT 人员对目前工作心生厌倦与不满，从而决定离开公司甚至转向其他行业。公司可以通过调整对员工的工作要求，来缓解工作本身的压力，从而提高他们对工作的接受度，措施如下。

一是，工作强度和挑战性的增加要适度。当工作量超出员工所承受的最大限度时，公司要对员工及时给予关注和关心，降低高工作负荷给员工带来的负面情绪。IT 员工每天要在电脑面前脑力劳动很长时间，长期的超负荷工作，必然不利于身心健康。公司应找出工作超负荷的原因，优化工作安排，最大限度地避免员工的加班。如果工作超负荷现象短时间内不能有效解决，公司则可以采取提高加班工资和加班餐饮津贴等措施补偿员工，减少工作本身带来的负面情感影响。

二是实施弹性工作制，赋予员工一定的自由度和工作自主权。员工对于工作的厌倦之感源于过快的生活和工作节奏，因此企业可以通过弹性的工作制度来激励员工对工作的热情。在工作方法、工作程序和工作速度的选择等方面给员工更大的自由，例如，只要员工能够完成单位指定的工作任务，以电子通信为手段与单位沟通，单位允许员工在家里办公；公司对员工的劳动考核不规定具体时间，只要员工在要求的期限内保质保量完成任务就可以；员工可以自己缩紧工作时间，将一周的工作缩紧在 3—4 天完成，剩余时间自己可以"充电"。合理的工作自由度和自主权不仅让员工感到个人权益得到了保障，也满足了员工的社交尊重等高层次的需要，因此提高了员工对工作的满意度和工作士气，也产生了公司责任感。

（二）重视组织承诺，营造良好组织环境

营造良好组织环境，增强员工组织认同感。根据赫兹伯格的双因素理论，保健因素与激励因素同等重要。舒适的组织环境能够为人才塑造轻松、自由、愉悦的氛围，便于知识型员工进行创造性思维活动。由于工作环境压抑、同事领导关系紧张、生活乏味枯燥等因素而产生的负面情绪是企业很难消除的。组织内部人际关系和组织承诺一方面直接影响员工主人翁意识的发挥和对组织的认同感，另一方面又影响着他们的满意度和离职意向。

IT 公司开展工作通常是以项目为单元进行的，项目的顺利实施离不开良好的组织承诺和融洽的团队氛围。实现组织内部知识共享，创建学习型组织，这对于 IT 企业尤为重要。每一位 IT 人员都希望自己的知识增长、专业技能不断提高，组织有义务为他们提供这样的平台。例如技术领域技术积累很重要，有些程序和代码在不同项目里是类似通用的，如果各团队互相协作，那么新项目可以在原有基础上改进更新，这就大大加速了项目进程。

（三）完善薪酬福利体系，提高员工心理契约

薪酬的高低对员工的影响是直接且深刻的，尽管薪酬高不一定能留住人才，但是薪酬低就一定会使人才心生不满，产生离职动机。员工不仅在乎自己的薪酬与以前相比是否增长，同时又时刻关注同行业、本企业内、同岗位人员的工资水平。如果工资存在较大差距，那么优秀员工流失是不可避免的。企业要构建能够满足员工需求的薪酬福利体系，在注重员工显性薪酬的同时也要兼顾隐形酬劳，不仅要做好重点激励，也要兼顾组织内外部的薪酬公平，还要在劳动力市场上富有竞争力，从而使员工全心全意、能够积极主动地为企业做贡献。

尝试宽带薪酬，调动员工工作积极性。宽带薪酬目前在欧美企业较盛行，对技术型、创新型企业尤为适用。宽带薪酬打破了传统薪酬结构

所维护的等级制度，使优秀员工在非晋升的情况下，也会因业绩的出色而得到薪酬的提升。传统薪酬体系下，职员薪酬的增减通常取决于自己职位的变化而非自身技能的提高，这样就使员工更加倾向追求职位的晋升而不是努力实现个人能力的提高，一旦自己对于职位的追求没能得以实现，就很有可能走入情绪的误区。宽带薪酬体系下，同一级别内薪酬变动幅度更大，即使没有晋升，员工的薪酬也有足够的提升空间，使员工更加注重个人的能力发展，自身素质和业务技能提升的同时，也得到了与自身努力相应的报酬，达到了有效的激励。

制定多样化福利制度，强化组织归属感。由于每一员工年龄、婚姻状况等个人条件的不同，他们所希望得到的福利也不完全相同，因此企业应多方面地为员工提供福利。首先以员工餐厅、休息室、培训室等设施性福利为基础；保证医疗保险、失业保险、住房公积金、养老保险等社会性福利不动摇；增强餐饮补贴、交通补贴、装置费、过节费等经济性福利；灵活实行带薪病假、带薪年假、外地员工探亲假等工时性福利；不能忽视生日礼物、年度旅游、定期体检等辅助性福利，只有这样才能提高员工士气、深深凝聚员工、激励员工。

（四）助力员工职业成长，完善晋升培训机制

企业要留住人才，就要为员工提供足够的成长发展空间。知识型员工十分重视学习和成长的机会，因此很多外企、国内知名企业都把专业培训机会和职业发展前景作为留住人才的重要举措。

企业要在充分掌握自身实际情况的基础上，做好培训需求分析，制订培训计划。对于刚入职员工，可以进行公司级一般培训和部分级专业培训，从而使他们非常充实地融入组织。在特定技术需求下，企业一方面可以让精通某项新技术的员工为大家进行企业内训，另一方面也可以通过外聘专家讲授来使大家技术上有所进步。中小型 IT 企业可利用互联网进行网络培训，这种方式能够节约时间和培训费用，对于员工的学习自主性也相对要求较高。在经济允许的条件下，可以通过高校进修、行业交流及出国访问等方式帮助员工实现素质提升、技术提高的愿望。

增加职业晋升通道，扩大员工晋升空间。建立管理类、技术类双向职业发展通道，且地位和待遇处于同一水平，两条路径可相互转换，这便增加了员工的发展空间和机会。IT 人员可以选择走技术路径，如从技

术员到初级、中级及高级工程师，当积累多方面的工作经验后，可以向项目经理等管理岗位晋升。

开拓员工水平发展模式，通过工作内容丰富化、职能扩大化、参与管理等方式提高员工工作积极性，使对管理有兴趣的员工能够参与管理，为他们走管理晋升路线提供机会。实行内部流动制度，坚持"内部优先"原则。当组织内部出现职位空缺时，优秀人才的内部流动为第一考虑途径。

通过以上方式，员工可以根据组织情况结合自身发展来选择适合自己的职业发展方向，对公司的认同感和归属感也会进一步增加，对公司的忠诚度也会逐渐提高。

二　杭州中小型 IT 企业新员工离职问题解决对策

杭州有"天堂硅谷"之称，其软件产业发展迅速，从而吸引了很多外来 IT 技术人才，这与其优雅、放松的人文环境不无关系。但是在留住人才方面，杭州却做得还不够完善。调查问卷中，关于"对于您离职的 IT 公司有什么建议？"这个问题，呼声最高的几个建议是：改善薪酬、提供更好的发展空间、工作强度不要太大、多点活动。另外还有员工建议：多听听员工的意见，而不是一味地否定；多些休假少加班；多站在员工的立场考虑问题；改善公司制度；对新进员工进行系统的培训等。综合以上，笔者提出改善新员工离职问题的几条具体对策建议，希望能给杭州的中小 IT 企业提供参考。

（一）认真甄选合适的新员工

认真筛选出真正热爱 IT 工作的员工。很多新员工在面试时对未来的规划很迷茫，不清楚自己想做什么、能做什么，就任意在某个岗位任职，随后发现没兴趣，就辞职了。因此，HR 在面试候选人时，要问清楚对方为何要来做这个工作，问清他们的职业规划，调查清楚其职业素养、性格是否与企业相符，最后挑选出各方面匹配的求职者。

（二）在招聘新员工时如实叙述公司情况

有一些公司在和求职者交流的时候，会有意夸大公司的各方面优势，给求职者造成一个假象。新员工本来就对公司不熟悉，在进入公司后发现一切都和当初交流的不一样，承诺也没有兑现，就会产生一种被欺骗的感觉，产生极强的心理落差，进而会在短期内离职。所以，在招聘新员工时须如实叙述公司情况，以避免造成员工流失的现象。

（三）完善企业管理方式和制度

完善企业用人制度，制定清晰明确的岗位职责，为新员工指明努力方向；为新员工安排资历相对较深的入门指导老师，协助其完成工作任务，并对其给予必要的技术指导；劳动分工方面对新员工予以必要的照顾，适当减轻新员工的工作任务安排，以帮助其树立工作信心。完善企业绩效管理制度，对新入职员工的绩效考核要求予以区别对待，以减轻新员工的工作压力，帮助其尽快适应工作。在绩效奖励方面设立工作业务进步奖，鼓励那些表现并不算优秀但进步明显的新员工。完善和丰富员工的职业发展路径，协助员工做好职业生涯规划。让员工明确自己在企业的发展空间、路径和方式，明确职务晋升和薪酬提升的标准和要求，减少直至杜绝主观因素对员工职业进步和发展的干扰，营造公平公正的职业发展环境和氛围。

（四）建立完善的薪酬福利制度

薪酬与福利不仅能满足员工养家糊口、衣食住行的需要，体现企业对员工所做贡献的尊重，还是个人能力大小和个人成就得到社会承认的象征。工资不要低于市场平均水平，发放时间不要间隔太久。如果公司财务实在困难，需要提前告知员工，恳请大家的谅解。新员工对福利都是比较期待的，如果经济不允许，可以发放一些小的福利作为心意，比如在员工生日那天，可以送一个小礼品，这也会让员工感到很幸福。

（五）创建舒适的工作环境

刚毕业不久的大学生进入一个新的环境难免会有不适应。他们在找工作的过程中会出现一个共性，就是希望有一个舒适的工作环境。本次调查发现，有70%的离职新员工对工作氛围没有感到满意。在访谈中得知，有的新员工比较喜欢与年长的同事一起工作，觉得很有文化底蕴，自己也能学到东西。相反，有的新员工则比较喜欢在有很多同龄人的办公室工作，感觉比较活跃，充满朝气。许多新员工在工作了一两个月后，一旦发现这个办公室的工作氛围不是自己所喜欢的，就会产生离职的念头。因此，创造一个比较舒适的办公室文化就显得尤为重要。笔者建议企业定期举办团建活动，可以一起去短途旅游、唱歌，或者进行一些小游戏等，这样气氛就会比较活跃，同时也能促进新老员工之间的感情交流。

（六）把优秀的企业文化渗透到各个角落

优秀的企业文化，不仅仅是去创造一些优美的外界环境，如保持周边的绿化，要求员工穿着得体等外在的东西。企业文化的根本是这个公司的"精气神"，这比外部环境更加吸引人。或许入职之初，新员工是被公司的外观、硬件设施所吸引，但是工作了一段时间之后，印象最深刻的应该是企业的办公室氛围、同事和领导的谈吐、员工之间的交流方式等。因此，管理者在平时一定要重视企业文化、办公室文化的建设，让员工能真正融入这个集体。

三　深圳 IT 公司员工离职的管理对策

对公司而言，留人的关键是让员工心甘情愿地留下来，要通过提高员工薪酬福利、给予更适合的工作或岗位、加强公司人性化管理和人文关怀等方式，使人才愿将自己的职业发展与公司的发展结合起来，共同奋斗。由于人才离职问题非常复杂且受多方面因素的影响，若希望通过一两个方面的改进就彻底解决问题是不现实的，但可以根据上一章的分析和解释共同探讨一些具体的解决建议和对策。深圳 IT 公司在应对员工离职问题时，在"以人为本"的管理理念和"荣辱与共，共图发展"方针指导下，应着重做到如下四点。

（一）控制工作本身的动力和压力，提高员工工作满意度

公司可以通过调整对员工的工作要求，将不同的动力因素和压力因素划分为不同的层次和维度，提高员工对工作认可和接受程度。具体措施如下。

（1）适当提高工作的挑战性，设定有一定难度的工作目标。对于主要从事技术工作的 IT 员工来说，由于工作更多的是依靠个人的技术来实现，组织和社会的认可和尊重对他们来说就非常重要，因为这是他们自我价值的直接体现。工作挑战性越大，工作的难度越高，工作强度越强，领导的期望越高，确实会直接让员工感受到压力的剧增，但与此同时，公司会根据员工的工作表现，为员工提供更高的薪水和更大的晋升机会，这样的结果则满足了员工自我价值实现、被社会尊重和认可的需要，反

而不会使他产生离职倾向。

（2）工作的挑战性、工作强度的增加要适度，当超出员工正常的工作负荷后，要及时给予关注，减少其带来的负面影响。长时间的超负荷工作，必然影响员工的身心健康，公司应分析工作超负荷的原因，优化工作安排，尽量减少员工的加班加点。如果因公司发展等原因，超负荷的现象并非短时间可以解决的，公司可以通过提高加班工资、合理提供加班餐饮等津贴等方式补偿员工，减少工作超负荷带来的负面影响。

（二）重视组织承诺，创建宽松的工作环境

员工对企业的认同和主人翁意识直接受到组织承诺与企业内部的人际关系影响，这些因素又会影响员工的满意度和离职倾向。利用项目的形式开展工作是IT公司工作的一般组织方式，良好的"组织承诺"和融洽的"团队氛围"可以保障项目的顺利实施。作为IT公司应努力让员工重视组织和员工之间的承诺、让员工和组织互相依赖，让员工在舒适的办公场所工作，感受到工作氛围的轻松，以及人与人之间的相互信任和关心。如不强求朝九晚五的自由工作时间，工作着装可以非常休闲，公司经常组织一些卡拉OK大赛、演讲比赛、征文比赛、公司级运动会等活动以丰富员工的业余生活，增加除了正常工作之外的沟通，建立起更有战斗力的团队。

（三）建立有市场竞争力的薪酬体系

公司对员工在工作上所付出的时间和精力以及产生的工作成果等所给予的最直接的物质回报就是薪酬。对薪酬的不满意在很多行业都是员工产生离职想法的主要动机之一。薪酬不仅是对员工劳动的一种回报，还体现了公司对员工工作绩效和个人工作态度、技术能力的认可。公司薪酬体系的设计是否合理将会直接体现绩效分配是否公平，很大程度上也会影响员工对公司的忠诚度。建立有市场竞争力的薪酬体系、健全公司薪酬制度，在公司的管理中非常重要，既要体现出一定的吸引力，又不能给公司带来太大的负担。因此，除正常的工资之外，很多企业通过发放员工内部期股的方式，增加对员工的激励手段，也起到了非常好的效果。

（四）留意员工对各种发展机会的期望、助力员工职业发展

作为IT公司的管理者，通过沟通与引导的方式帮助IT工作人员建立

合适的职业生涯规划，通过跨团队合作等方式丰富员工工作内容，提高员工工作积极性和满意度，增强公司对 IT 工作人员的吸引力。另外还要提供符合 IT 工作人员特点的职业发展设计，给予他们足够的个人成长空间。对于学历高、年纪轻、技术背景强的 IT 工作人员来说，自我价值实现往往受到公司职业通道设计的限制，因为实际企业中的领导岗位通常是有限的，这与员工个人的发展愿望存在着直接的矛盾；同时，技术人才如果都向管理岗位晋升，会导致专业化的高级技术人才出现断层。针对 IT 行业人才这些特征，可以考虑建立技术类、管理类两个方向的职业发展通道，在 IT 员工刚刚从学生成为工程师的阶段只设立技术路径，如初级工程师、高级工程师等；当员工经过多年的工作，积累了各方面的经验后，则提供更多选择，如可以设计技术和管理两条职业发展方向。管理方向上可以设置 Team Leader、Project Manager、总监、总经理等职务，技术方向上可以设置主任级工程师、技术专家、系统架构设计师等。技术和管理虽然是职业发展两个不同的方向，但是在公司的地位、福利待遇和薪酬上可以达到同样层次。这样，员工可以根据公司的需要结合自身的发展，选择适合自己的发展方向，员工对公司的认同和归属感也会大大增加，忠诚度自然就会提高。进入 21 世纪以来，知识爆炸性增长，更新换代速度快、新技术、新标准层出不穷，IT 业员工为了能适应社会的要求，同时满足公司和职业发展的需要，也非常重视自身能力水平的提升。因此，公司需根据公司发展规划，结合员工职业发展的需求、并根据员工个人的能力水平和技术特点，有针对性地建立与此相适应的激励性培训体系，帮助员工成长。

第三节　研究展望

本研究仍存在一些局限性，主要包括以下两个方面。

第一，在对象的资料收集方面，因空间、时间、费用的制约，未能充分反映某群体的特征。特别是空间范围限定在了北京工作的 IT 企业员工，对网络面板数据进行抽样并统计出其结果，所以说对全国 IT 员工缺乏代表性和客观性。区域或组织方面，应以更多样化的劳动者为对象进行调查问卷时，有望获得更加普遍的客观性结果。

　　第二，与前面提到的局限性一样，为了测批评中国 IT 劳动者认知中的领导力类型、工作满意度、组织承诺、组织公民行为、离职意向，可以举出依赖于问卷对象记忆的内容。这可以看作利用现有实证分析的大部分研究中作为问题点指出的部分。在人事组织行为研究中作为阻碍的被指出的因素是方法论上的难以解读，在组织内回答离职意向或评价领导的领导力等概念时很难直接通过回答者收集到真实问卷；研究时，现象学很难得到劳动者对工作及领导的信念与态度能够通过现象说明的普遍性结果等，都是本书研究的局限性。

　　本书研究验证了适合中国 IT 企业的领导力类型和组织相关态度及离职意向的相关影响，并把劳动者的出身分为东北部和东南部后验证对此的影响，如果可以包括中国东北部与东南部外的其他地区进行验证时其结果会更有意义。进而，比较 IT 企业以外的多种产业工作的员工之间的领导力、组织相关态度、离职意向间的影响时，有望获得更有意义的结果。

附　录

一　调查问卷

调查问卷

您好：

　　首先感谢您在百忙之中为我抽出时间。

　　本调查问卷是想知道关于领导力类型、组织相关态度以及离职意向之间的关系而做的一份问卷。本问卷以匿名形式，我们保证应答内容除了以学术研究为目的之外，不会用作别的用途，不会给应答者带来各种不方便。因为为您的应答内容是作为研究的十分贵重的资料，希望您能真诚地回答一下问卷。真心地祝愿阁下事业蒸蒸日上。

　　对您的合作表示再次感谢。

研究者：西北师范大学商学院　李承晋

Phone Number：18993296108

e – Mail：421387209@ qq. com

一、下面是您的上司关于交易型领导力的问卷，阅读问题后请在符合阁下的想法的号码上打√。

①完全没有 ②没有 ③一般 ④有 ⑤很强烈

号码	问题	完全没有/没有/一般/有/很强烈
1	我的领导达到目标的时候让下属们知道为什么得到了利益或者补偿	①②③④⑤
2	我的领导让部下知道，对于努力的补偿都是下属们应该得到的	①②③④⑤

号码	问题	完全没有/没有/一般/有/很强烈
3	我的领导按照达成的协议，只要努力下属希望的补偿都能够得到	① ② ③ ④ ⑤
4	我的领导为了目标的达成应该给下属以补偿和适当的处罚	① ② ③ ④ ⑤
5	我们领导比起创新思维，更注重效益管理	① ② ③ ④ ⑤

二、下面是您的上司关于变革型领导力的问卷，阅读问题后请在符合阁下的想法的号码上打√。

① 很不重要 ② 不重要 ③普通 ④ 重要 ⑤ 很重要

号码	问题	很不重要/不重要/普通/重要/很重要
1	我们的领导只有在下属应该知道的情况下才会告诉，剩下的自己看着办	① ② ③ ④ ⑤
2	我如果和领导有关的话感觉很自豪	① ② ③ ④ ⑤
3	我们领导重要的谈话带有很强的目标意识	① ② ③ ④ ⑤
4	真的能看到能够实现的目标	① ② ③ ④ ⑤
5	我工作的时候会提出可以活用的新的方法	① ② ③ ④ ⑤

三、下面是关于您对工作满意度的问卷，阅读问题后请在符合阁下的想法的号码上打√。

① 很不满足 ② 不满足 ③ 一般 ④ 满足 ⑤ 很满足

号码	问题	很不满足/不满足/一般/满足/很满足
1	总的来说我对我做的工作很满意	① ② ③ ④ ⑤
2	我可以和我的同事保持友好的关系	① ② ③ ④ ⑤
3	我感觉我现在的工资水准和别的职员比较的话挺公平的	① ② ③ ④ ⑤
4	和我一起进公司的同事能够比较公正地晋升	① ② ③ ④ ⑤

四、下面是关于您对组织公民行为的问卷，阅读问题后请在符合阁下的想法的号码上打√。

① 很不重要 ② 不重要 ③普通 ④ 重要 ⑤ 很重要

号码	问题	很不重要/不重要/普通/重要/很重要
1	我经常会帮助业务量多的同事	① ② ③ ④ ⑤
2	我会给缺勤的同事帮助业务	① ② ③ ④ ⑤
3	我除了我的工作，我还会帮助新来的同事进行的适应	① ② ③ ④ ⑤
4	我会为了防止与别人的真吵而努力	① ② ③ ④ ⑤
5	我提一些重要的意见之前，会和上司还有周围的人进行商议	① ② ③ ④ ⑤
6	我是遵守组织的规则和章程的人	① ② ③ ④ ⑤

五、下面是关于您对组织承诺的问卷，阅读问题后请在符合您的想法的号码上打√。

① 很不重要 ② 不重要 ③普通 ④ 重要 ⑤ 很重要

号码	问题	很不重要/不重要/普通/重要/很重要
1	我对就职我们公司而感觉到自豪	① ② ③ ④ ⑤
2	我对我们公司的感情跟一家人一样	① ② ③ ④ ⑤
3	我对我的工作感到骄傲和自豪	① ② ③ ④ ⑤
4	我对公司的问题就跟自己的问题一样对待	① ② ③ ④ ⑤
5	我真心地希望我的公司能好好发展	① ② ③ ④ ⑤
6	由于我的个人状况，决定离开我们公司是件很难的事情	① ② ③ ④ ⑤
7	我没离开我们公司是因为没有别的代替的工作	① ② ③ ④ ⑤
8	我没离开我们公司是因为这段时间我花费了大量的时间和精力	① ② ③ ④ ⑤
9	我离开现在的公司的话，别的公司不能给我和现在一样的好处	① ② ③ ④ ⑤

六、下面是关于您对离职意向的问卷，阅读问题后请在符合您的想法的号码上打√。

① 完全没有 ② 没有 ③ 一般 ④ 有 ⑤ 很强烈

号码	问题	完全没有/没有/一般/有/很强烈
1	我现在有辞职的这种想法	① ② ③ ④ ⑤
2	别的公司能给我和现在一样报酬的话，我会很快地辞掉现在的工作	① ② ③ ④ ⑤
3	我现在为了辞职现在的工作，而在寻找别的公司	① ② ③ ④ ⑤

七、下面是关于您的情商的问卷，阅读问题后请在符合您的想法的号码上打√。

①完全没有 ②没有 ③一般 ④有 ⑤很强烈

号码	问题	完全没有/没有/一般/有/很强烈
1	大多数时候，我能很好地辨别自己怀有某种情绪的原因	① ② ③ ④ ⑤
2	我很了解自己的情绪	① ② ③ ④ ⑤
3	我能真正地理解自己所感觉的事物	① ② ③ ④ ⑤
4	我始终知道自己是否快乐	① ② ③ ④ ⑤
5	我总是能通过我朋友的行为了解他们的情绪	① ② ③ ④ ⑤
6	我对他人的情绪观察入微	① ② ③ ④ ⑤
7	我对他人的感觉和情绪很敏感	① ② ③ ④ ⑤
8	我对自己周围的人们的情绪很了解	① ② ③ ④ ⑤
9	我总是为自己设立目标，然后尽全力去达到目标	① ② ③ ④ ⑤
10	我总是告诉自己我是一个有能力的人	① ② ③ ④ ⑤
11	我是一个自我激励的人	① ② ③ ④ ⑤
12	我总是鼓励自己尽全力	① ② ③ ④ ⑤
13	我能够控制自己的脾气，理性地处理困难	① ② ③ ④ ⑤
14	我很善于控制自己的情绪	① ② ③ ④ ⑤
15	在很生气的时候，我总能很快地冷静下来	① ② ③ ④ ⑤
16	我对自己的情绪控制得很好	① ② ③ ④ ⑤

八、下面是关于您上司的情商的问卷，阅读问题后请在符合您的想法的号码上打√。

①完全没有 ②没有 ③一般 ④有 ⑤很强烈

号码	问题	完全没有/没有/一般/有/很强烈
1	大多数时候，他/她能很好地辨别自己怀有某种情绪的原因	① ② ③ ④ ⑤
2	他/她很了解自己的情绪	① ② ③ ④ ⑤
3	他/她能真正地理解自己所感觉的事物	① ② ③ ④ ⑤
4	他/她始终知道自己是否快乐	① ② ③ ④ ⑤
5	他/她总是能通过朋友的行为了解他们的情绪	① ② ③ ④ ⑤
6	他/她对他人的情绪观察入微	① ② ③ ④ ⑤
7	他/她对他人的感觉和情绪很敏感	① ② ③ ④ ⑤
8	他/她对自己周围的人们的情绪很了解	① ② ③ ④ ⑤
9	他/她总是为自己设立目标，然后尽全力去达到目标	① ② ③ ④ ⑤
10	他/她总是告诉自己是一个有能力的人	① ② ③ ④ ⑤
11	他/她是一个自我激励的人	① ② ③ ④ ⑤
12	他/她总是鼓励自己尽全力	① ② ③ ④ ⑤
13	他/她能够控制自己的脾气，理性地处理困难	① ② ③ ④ ⑤
14	他/她很善于控制自己的情绪	① ② ③ ④ ⑤
15	在很生气的时候，他/她总能很快地冷静下来	① ② ③ ④ ⑤
16	他/她对自己的情绪控制得很好	① ② ③ ④ ⑤

九、下面是关于阁下的信息请您填写或者打√。

1. 性别：① 男 ② 女

2. 出生地：_____省_____市

3. 年龄：满_____岁

4. 婚姻状况：① 未婚 ② 结婚

5. 工作时间：___年 ___个月

6. 最终学历：① 高中毕业 ② 大学生 ③ 研究生及以上

7. 学历相关的专业：

① IT 行业专业 ② 经商系列专业 ③（　　）专业

8. 您的职务：

① 公司事务职务 ② 营业职务 ③ 生产职务 ④ 研究职务 ⑤ 其他
（　　）

9. 阁下职位：① 科长 ② 经理 ③ 部长

10. 您所在企业的规模？

①200 人以下 ②200—300 人 ③300—400 人 ④400—500 人 ⑤500 人
以上

11. 您所在企业行业？

① 情报通信 ②系统集成行业 ③ IT 经营顾问 ④ 软件行业 ⑤其他行
业（　　）

二　相关成果

变革型领导与 IT 行业新生代知识型员工离职倾向：
情感承诺、工作满意度与组织公民行为的链式中介作用[*]

摘　要：聚焦于 IT 行业组织面临的新生代知识型员工频繁离职的问题，基于社会交换理论、情感事件理论与离职行为理论，整合相关视角，分析和检验了情感承诺、工作满意度与组织公民行为在变革型领导与离职倾向之间的中介作用，并对情感承诺、工作满意度与组织公民行为所起到的链式中介作用进行了探讨。通过分析 520 名 IT 行业新生代知识型员工的调查数据，结果表明：变革型领导对下属离职倾向具有显著负向预测作用；情感承诺、工作满意度与组织公民行为在变革型领导与下属离职倾向之间起到了中介作用；最后，变革型领导能通过情感承诺、工作满意度与组织公民行为的链式中介作用来实现对下属离职倾向的抑制作用。

关键词：变革型领导行为；离职倾向；情感承诺；工作满意度；组织公民行为

一　引言

离职是指从组织中获得经济报酬的员工，经过考虑自愿离开当前工

---

[*] Mobley, W. H., *Employee Turnover: Causes, Consequences, and Control, Reading*, M. A.: Addison - Wesley, 1982.

作岗位，中断组织成员关系的过程。① 目前，中国 IT 行业快速发展，企业对 IT 相关人才的需求与日俱增，但是 IT 企业员工离职率却普遍偏高。IT 作为知识密集型产业，主要依靠创新驱动获取竞争优势，为了促进 IT 行业稳健发展，稳定的劳动力供给和较低的离职率是关键所在，因而员工离职不仅使组织蒙受巨大的经济损失，也对组织的政策实施和持续发展带来严重的负面影响。②

　　以往研究就员工离职的过程和动因已进行了大量的理论分析与实证检验。关于"员工为什么会离职？"这一问题，研究者主要依据 March 和 Simon 的理论，③ 认为影响员工离职的因素分为"离职推力"（push - to - leave）和"离职拉力"（pull - to - leave）两种，其中，"离职推力"通常以工作满意度为表征，而"离职拉力"则以工作机会为表征。④⑤进入 21 世纪，Mitchell 等⑥认为，已有离职研究的分析框架忽略了"留任引力"（pull - to - stay）这一特殊因素，并提出从工作嵌入的视角，来探究哪些工作或非工作因素更可能促使员工留任。他们指出，与主管和同事建立的良好人际关系，健全的福利体系和具有吸引力的工作计划等都可能增强员工的留任意愿，其中员工通过关系绩效构建的人际关系的广度和深度对其离职倾向的影响最为突出。Mossholder 等⑦的实证研究也证明，

————————

　　①　Mobley, W. H., *Employee Turnover: Causes, Consequences, and Control*, Addison - Wesley, 1982.

　　②　王振源、孙珊珊、戴瑞林：《同事离职对留任员工离职意图的影响机制研究——一个被中介的调节作用模型》，《管理评论》2014 年第 26 卷第 4 期，第 82—92 页。

　　③　March, J. G., Simon, H. A., *Organizations*, New York, N. Y.: Wiley, 1958.

　　④　Griffeth, R. W., Hom, P. W., Gaertner, S., "A Meta - analysis of Antecedents and Correlates of Employee Turnover: Update, Moderator Tests, and Research Implications for the Next Millennium", *Journal of Management*, Vol. 26, No. 42000, pp. 463 - 488.

　　⑤　Shaw, J. D., Duffy, M. K., Johnson, J. L., et al., "Turnover, Social Capital Losses, and Performance", *Academy of Management Journal*, Vol. 48, No. 4, 2005, pp. 594 - 606.

　　⑥　Mitchell, T. R., Holtom, B. C., Lee, T. W., et al., Why People Stay: Using Job Embeddedness to Predict Voluntary Turnover, *Academy of Management Journal*, Vol. 44, No. 6, 2001, pp. 1102 - 1121.

　　⑦　Mossholder, K. W., Settoon, R. P., Henagan, S. C., "A Relational Perspective on Turnover: Examining Structural, Attitudinal, and Behavioral Predictors", *Academy of Management Journal*, Vol. 48, No. 4, 2005, pp. 607 - 618.

往往是组织中那些人际关系较差的员工更容易离职。Tse 等①以此为基础，指出作为重要的"留任引力"因素，变革型领导会对员工组织认同的塑造及良好人际关系的建立均有显著影响，并对员工离职倾向具有抑制作用。由于离职倾向反映了员工欲离开现任组织的行为倾向，表征着员工从产生离职想法到实际离职之间的一种过渡，是已有离职研究中的核心变量。②

变革型领导是通过领导魅力、愿景激励、智力激发和个性化关怀，③ 来激发员工的内部动机，并对员工的工作态度、离职倾向、任务绩效以及关系绩效等产生积极影响。④ 然而，尽管学者们对变革型领导与员工离职倾向之间的关系进行了一定的考察，但是仍缺乏对其影响机制的深入揭示。一方面，已有研究在分析变革型领导的影响机制时，主要依据社会交换理论或情感事件理论，⑤ 相对忽视了对留任因素的考察。另一方面，已有研究大都单独检验不同的中介机制，缺乏对不同理论进行整合分析，从而不能很好地检验不同理论视角之间的关系及解释效力。

① Tse, H. H. M., Huang, X., Lam, W., "Why Does Transformational Leadership Matter for Employee Turnover? A Multi – foci Social Exchange Perspective", *Leadership Quarterly*, Vol. 24, No. 5, 2013, pp. 763 –776.

② 翁清雄、席酉民：《职业成长与离职倾向：职业承诺与感知机会的调节作用》，《南开管理评论》2010 年第 13 卷第 2 期，第 119—131 页。

③ Bass, B. M., Riggio, R. E., *Transformational Leadership*, Psychology Press, 2006.

④ Kovjanic, S., Schuh, S. C., Jonas, K., et al., "How do Transformational Leaders Foster Positive Employee Outcomes? A Self – determination Based Analysis of Employees' Needs as Mediating Links", *Journal of Organizational Behavior*, Vol. 33, No. 8, 2012, pp. 1031 – 1052; Ng T. W. H., "Transformational Leadership and Performance Outcomes: Analyses of Multiple Mediation Pathways", *Leadership Quarterly*, Vol. 28, No. 3, 2017, S1316203481; Wang, G., Oh, I. S., Courtright, S. H., et al., "Ransformational Leadership and Performance Across Criteria and Levels: A Meta – analytic Review of 25 Years of Research", *Group & Organization Management*, Vol. 36, No. 2, 2011, pp. 223 –270.

⑤ Tse, H. H. M., Huang, X., Lam, W., "Why does Transformational Leadership Matter for Employee Turnover? A Multi – foci Social Exchange Perspective", *Leadership Quarterly*, Vol. 24, No. 5, 2013, pp. 763 –776; 张莉、夏莹、孙达：《基于集体主义情境的变革型领导、组织承诺与离职倾向研究》，《管理学报》2013 年第 10 卷第 9 期，第 1316—1322 页。

　　基于此，本文结合柳士顺和凌文辁[①]的建议，依据 Ng[②] 提出的变革型领导作用框架对中介变量的作用顺序进行了规定，从而形成链式多重中介模型来整合相关分析视角（如，"留任引力"、社会交换理论与情感事件理论），具体是引入情感承诺、工作满意度与组织公民行为，来对变革型领导影响员工离职倾向的内在机制进行阐释，以期拓展现有理论分析框架，丰富员工离职研究，为 IT 组织的留任管理提供相应的理论支持。

二　理论基础与研究假设

（一）变革型领导和离职倾向

　　变革型领导的概念最早由 Burns 提出，他认为领导行为是领导者与下属相互作用和影响的过程，在此过程中，领导者与下属相互提升道德水平，增强工作动机[③]。Bass 等随后在 Burns 的基础上对变革型领导的概念进行了完善和推广，他认为，变革型领导通过向下属灌输较高层次的价值观念，增强下属对工作意义的感知，从而激发下属更高层次的需求；鼓励员工的创造性想法，在工作过程中"以身作则"，以此来获得下属的认同和追随；向员工展现出积极向上的愿景，了解每个下属的成长需要，适时地聆听并对下属开展培训[④]。

　　离职倾向是指员工想要离开现任组织的一种心理倾向，是自身工作不如意、有离职想法、已经开始为自己寻找其他合适工作机会等行为的综合表现；[⑤] 或者可以认为是当前组织已经失去了对员工的吸引力，引致员工产生离开组织的态度和想法的集合。[⑥] 主管作为组织的代理人，其行

---

　　① 柳士顺、凌文辁：《多重中介模型及其应用》，《心理科学》2009 年第 32 卷第 2 期，第 433—435 页。

　　② Ng, T. W. H., "Transformational Leadership and Performance Outcomes: Analyses of Multiple Mediation Pathways", *Leadership Quarterly*, Vol. 28, No. 3, 2017, S1316203481.

　　③ Burns, J. M., *Leadership*, New York: Harper & Row, 1978.

　　④ Bass, B. M., Riggio, R. E., *Transformational Leadership*, Psychology Press, 2006.

　　⑤ Mitchell, T. R., Holtom, B. C., Lee, T. W., et al., "Why People Stay: Using Job Embeddedness to Predict Voluntary Turnover", *Academy of Management Journal*, Vol. 44, No. 6, 2001, pp. 1102 – 1121.

　　⑥ 苏方国、赵曙明：《组织承诺、组织公民行为与离职倾向关系研究》，《科学学与科学技术管理》2005 年第 8 期，第 111—116 页。

为方式会对员工的工作态度和组织预期产生一定的影响，进而作用于离职倾向。例如，张莉等①、Tse 等②都发现变革型领导对下属的离职倾向具有显著的负向影响作用。结合倪渊③对新生代知识型员工离职倾向影响因素的探究，本研究认为，主管的变革型领导行为能够有效降低下属的离职倾向，主要是因为：第一，变革型领导所表现出的超凡魅力和高尚的道德品质，能够增强员工对领导的认同、尊重与信任，特别是知识型员工，其在受到主管人格魅力的有力感染时，想要追随领导的意愿会更加强烈。第二，变革型领导在日常工作中对知识型员工的愿景激励和感召，为其提供富有意义和挑战性的任务，高度契合了新生代知识型员工的个体特征，能够有效激发其积极向上的工作态度，从而降低其离职意愿。第三，变革型领导能通过"智力激发"的方式，鼓励知识型员工提出创新性想法或改进工作方式，从而有利于员工实现自我价值，增强自身的成就感。另外，变革型领导对员工进行的个性化关怀，满足了知识型员工对组织归属和个人职业生涯发展的需求，进而增强其对组织的依赖感。依据社会交换理论，作为对组织的回报，知识型员工将会努力增加对组织的投入，离职倾向自然较低。据此，本研究提出以下假设：

H1　变革型领导对新生代知识型员工的离职倾向具有负向影响作用。

（二）情感承诺的中介作用

情感承诺是指组织成员被卷入组织、参与组织社会交往，以及对组织认同和投入的程度，亦是员工基于对组织的情感而产生的一种肯定性的心理倾向。④ 社会交换理论认为，社会交换关系更多的是基于彼此双方

---

① 张莉、夏莹、孙达：《基于集体主义情境的变革型领导、组织承诺与离职倾向研究》，《管理学报》2013 年第 10 卷第 9 期，第 1316—1322 页。

② Tse, H. H. M., Huang, X., Lam, W., "Why Does Transformational Leadership Matter for Employee Turnover? A Multi - foci Social Exchange Perspective", *Leadership Quarterly*, Vol. 24, No. 5, 2014, pp. 763 – 776.

③ 倪渊：《新生代知识型员工离职倾向影响因素——基于互联网创业公司的实证研究》，《北京理工大学学报》（社会科学版）2017 年第 19 卷第 1 期，第 108—115 页。

④ Allen, N. J., Meyer, J. P., "The Measurement and Antecedents of Affective, Continuance and Normative Commitment to the Organization", *Journal of Occupational & Organizational Psychology*, Vol. 63, No. 1, 1990, pp. 1 – 18.

的相互信任和承诺而建立的一种长期情感依赖关系。[①] 良好的人际信任、员工对主管的情感认同，以及管理过程中不断出现的互惠行为，是员工与主管或组织之间社会交换关系的不同表现形式。[②] 当员工感知到这种社会交往时，其内心的"责任感"和"归属感"会随之增强，身为"组织一员"的意识也会更加强烈，[③] 从而表现出较高的情感承诺，根据"互惠原则"，情感承诺高的员工也会产生同样的"互惠行为"作为对主管或者组织的回报。

作为员工与组织之间一种特殊的心理认同与依赖关系，情感承诺经常被用来表征社会交换关系，[④] 而变革型领导对下属的影响主要是通过作用于员工与组织之间的社会交换关系来实现的。[⑤] 主管是组织目标和愿景的体现者与践行者，可以通过"愿景激励"的方式，对下属清晰地阐释和解读组织的未来愿景，受到激励的下属会高度认同并将其内化为个人的目标，从而表现出更高的情感承诺。[⑥] 当情感承诺处于较高水平时，意味着员工和组织之间存在积极、稳定的社会交换关系，并期望双方之间能拥有更多的社会交换行为，依据社会交换理论，此时员工会更加倾向于继续留任，而不是主动离职来破坏当前良好的交换关系。[⑦] 基于上述分

① Blau, P. M., Exchange and Power in Social Life, J. Wiley, 1964.

② Tse, H. H. M., Huang X., Lam W., "Why Does Transformational Leadership Matter for Employee Turnover? A Multi – foci Social Exchange Perspective", *Leadership Quarterly*, No. 5, 2013, pp. 763 – 776.

③ WalumbwaM F. O., Cropanzano, R., Hartnell, C. A., "Organizational Justice, Voluntary Learning Behavior, and Job Performance: A Test of the Mediating Effects of Identification and Leader – member Exchange", *Journal of Organizational Behavior*, Vol. 30, No. 8, 2009, pp. 1103 – 1126.

④ Colquitt, J. A., Scott, B. A., Rodell, J. B., et al., "Justice at the Millennium, a Decade Later: a Meta – analytic Test of Social Exchange and Affect – based Perspectives", *Journal of Applied Psychology*, Vol. 98, No. 2, 2013, pp. 199 – 236.

⑤ Ng, T. W. H., "Transformational Leadership and Performance Outcomes: Analyses of Multiple Mediation Pathways", *Leadership Quarterly*, Vol. 28, No. 3, 2017, S1316203481.

⑥ Bono, J. E., Judge, T. A., "Self – Concordance at Work: Toward Understanding the Motivational Effects of Transformational Leaders", *Academy of Management Journal*, Vol. 45, No. 6, 2003, pp. 554 – 571; Wang, H., Law, K. S., Hackett, R. D., et al., "Leader – member Exchange as a Mediator of the Relationship Between Transformational Leadership and Followers' Performance and Organizational Citizenship Behavior", *Academy of Management Journal*, Vol. 48, No. 3, 2005, pp. 420 – 432.

⑦ Tse, H. H. M., Huang, X., Lam, W., "Why Does Transformational Leadership Matter for Employee Turnover? A Multi – foci Social Exchange Perspective", *Leadership Quarterly*, Vol. 24, No. 5, 2013, pp. 763 – 776.

析，本文认为，在社会交换理论视角下，员工与组织之间的交换关系是变革型领导影响员工态度和行为的重要机制。据此，本研究提出以下假设：

H2　情感承诺在变革型领导与下属离职倾向之间起到了中介作用。

（三）工作满意度的中介作用

工作满意度是指员工基于自身工作及相关环境的认知而体验到的一种情绪状态，[1] 这种"情绪"会对员工的离职倾向产生显著的负向影响作用。[2] 情感事件理论认为，员工在工作场所中的态度和行为很大程度上会受到工作中情绪变化的影响，情绪的变化则来自员工对工作环境中情感事件的体验。[3] 作为工作环境的构成因素之一，员工的情绪变化和心情同样会受到领导行为的影响，变革型领导能够在与员工互动的过程中，充分相信、鼓励并考虑下属的利益，受到感染的员工，情绪也会变得更加积极。与此同时，表征着员工对自身工作和组织的一种积极、肯定情感的工作满意度，同样也会得到显著提升。[4] 实证研究也表明，变革型领导和工作满意度之间存在显著正相关关系。[5]

当员工对自身工作或相关环境高度满意时，或者组织与上司充分信任员工时，员工的留任意愿将会增强，与此同时员工的工作积极性和工作投入也将会有所提升，并认为在组织中工作是一件很有意义和有价值

---

① Harrison, D. A., Newman, D. A., Roth, P. L., "How Important are Job Attitudes? Meta - analytic Comparisons of Integrative Behavioral Outcomes and Time Sequences", *Academy of Management Journal*, Vol. 49, No. 2, 2006, pp. 305 - 325.

② 兰玉杰、张晨露：《新生代员工工作满意度与离职倾向关系研究》，《经济管理》2013 年第 35 卷第 9 期，第 81—88 页。

③ Weiss, H. M., Cropanzano, R., "Affective Events Theory: A Theoretical Discussion of the Structure, Cause and Consequences of Affective Experiences at Work", *Research in Organizational Behavior*, Vol. 18, No. 3, 1996, pp. 1 - 74.

④ Harrison, D. A., Newman, D. A., Roth, P. L., "How Important are Job Attitudes? Meta - analytic Comparisons of Integrative Behavioral Outcomes and Time Sequences", *Academy of Management Journal*, Vol. 49, No. 2, 2006, pp. 305 - 325.

⑤ Kovjanic, S., Schuh, S. C., Jonas, K., et al., "How do Transformational Leaders Foster Positive Employee Outcomes? A Self - determination Based Analysis of Employees' Needs as Mediating Links", *Journal of Organizational Behavior*, Vol. 33, No. 8, 2012, pP. 1031 - 1052.

的事情，① 所以高工作满意度的员工更愿意在组织中留任。相反，对自身工作不满意的员工会表现出较高的离职意愿，可能开始寻求新的工作。与理论分析一致，Egan 等②通过对美国 IT 行业员工的实证研究发现，工作满意度显著负向影响离职倾向。因此，根据情感事件理论，变革型领导影响了下属的情感变化，并通过工作满意度表征，进而影响了员工的离职倾向。据此，本研究提出以下假设：

H3　工作满意度在变革型领导与下属离职倾向之间起到了中介作用。

（四）组织公民行为的中介作用

组织公民行为主要是指员工的自发性个人行为，有利于提高组织效能，并且这种行为不会得到组织中正式报酬系统的直接或明确的肯定与回报。③ 在组织公民行为的影响方面，Chen 等④指出，"利他主义"地帮助同事完成与工作相关的事情或超出最低工作要求的意愿性行为反映了员工积极参与组织活动或想成为组织一员的强烈愿望，因而组织公民行为可以代表员工想要和组织保持"距离的程度"，所以低水平的组织公民行为，意味着高度的远离组织，也就表示员工有着高的离职可能性。这与 Harrison 等⑤的研究结论一致，即往往是那些很少表现出组织公民行为的员工会更容易选择离职。另一方面，组织公民行为是与员工工作生活密切相关的系列行为的集中体现，所以也表征着员工对工作角色的投入。依据社会交换理论，高水平的组织公民行为意味着员工对组织提供的支持、帮助或者关怀与尊重的回报。相反，回避组织公民行为则表

① 聂琦、谢煜：《家庭支持型主管行为与离职倾向：工作—家庭冲突双向性和工作满意度的多重中介作用》，《中国人力资源开发》2018 年第 35 卷第 1 期，第 48—59 页。

② Egan, T. M., Yang, B., Bartlett, K. R., "The Effects of Organizational Learning Culture and Job Satisfaction on Motivation to Transfer Learning and Turnover Intention", *Human Resource Development Quarterly*, Vol. 15, No. 3, 2004, pp. 279 – 301.

③ Organ, D. W., "Organizational Citizenship Behavior: the Good Soldier Syndrome, *Administrative Science Quarterly*", Vol. 41, No. 6, 1988, pp. 692 – 703.

④ Chen, X., Hui C., Sego, D. J., "The role of Organizational Citizenship Behavior in Turnover: Conceptualization and Preliminary Tests of Key Hypotheses", *Journal of Applied Psychology*, Vol. 83, No. 6, 1998, pp. 922 – 931.

⑤ Harrison, D. A., Newman, D. A., Roth, P. L., "How Important are Job Attitudes? Meta – analytic Comparisons of Integrative Behavioral Outcomes and Time Sequences", *Academy of Management Journal*, Vol. 49, No. 2, 2006, pp. 305 – 325.

明员工想要结束对组织的投入，也表征着员工"非组织成员"意愿的增强，进而萌生离职倾向。① 同时，组织公民行为也有助于良好人际关系的建立，而良好的人际关系会对员工的离职行为有着强烈的抑制作用。②

此外，研究表明，领导行为是组织公民行为产生的一个重要因素，变革型领导对组织公民行为有显著的正向预测作用。③ 相较于其他领导行为，变革型领导注重对员工情绪和工作动机的激励，通过为员工描绘美好的愿景，来感染员工，增强员工的工作意义认知，促使员工将自身的关注点从"个人利益"转移到"集体利益"上，注重"集体利益"的员工会为了组织目标的实现而努力工作，进而展现出更多的组织公民行为。因此，当主管对员工的绩效进行充分肯定和认可，并提供一定的指导和帮助时，员工对组织的认同感或者"归属感"会有所提升，此时也更愿意为组织或直接领导做出额外的努力，进而表现出组织公民行为，④ 而当员工表现出这些行为时，意味着员工不会选择主动离职，相反，员工的留任意愿会得到显著增强，因而组织公民行为影响了员工离职。据此，本研究提出以下假设：

H4　组织公民行为在变革型领导与下属离职倾向之间起到了中介作用。

（五）情感承诺、工作满意度与组织公民行为的链式中介作用

Organ⑤ 指出，当工作满意度越高时，员工就会越容易表现出积极的情绪状态，从而更易引发利他行为（例如，组织公民行为）的产生。由

---

①　Chen, X., Hui, C., Sego, D. J., "The Role of Organizational Citizenship Behavior in Turnover: Conceptualization and Preliminary Tests of Key Hypotheses", *Journal of Applied Psychology*, Vol. 83, No. 6, 1998, pp. 922 – 931.

②　Mitchell, T. R., Holtom, B. C., Lee, T. W., et al., "Why People Stay: Using Job Embeddedness to Predict Voluntary Turnover", *Academy of Management Journal*, Vol. 44, No. 6, 2001, pp. 1102 – 1121.

③　Wang, H., Law, K. S., Hackett, R. D., et al., "Leader – member Exchange as a Mediator of the Relationship Between Transformational Leadership and Followers' Performance and Organizational Citizenship Behavior", *Academy of Management Journal*, Vol. 48, No. 3, 2005, pp. 420 – 432.

④　Ng, T. W. H., "Transformational Leadership and Performance Outcomes: Analyses of Multiple Mediation Pathways", *Leadership Quarterly*, Vol. 28, No. 3, 2017, S1316203481.

⑤　Organ, D. W., "Organizational Citizenship Behavior: the Good Soldier Syndrome", *Administrative Science Quarterly*, Vol. 41, No. 6, 1988, pp. 692 – 703.

于工作满意度表征着员工对自身工作和组织的一种积极、肯定情感，反映了员工对组织目标的喜好程度。① 依据情感事件理论，如果工作环境中的情感事件（例如，上司的变革型领导行为）引发了员工的积极情感体验，那么员工的工作满意度也会有所提高，此时，员工会感知到为组织工作和付出是一件很享受、很有意义的事情，并愿意奉献自我价值，为组织目标的实现贡献力量，从而表现出更多的组织公民行为。②

另外，情感承诺作为员工与组织关系密切相关的一种反映，代表着员工对组织的认同感和归属感，而员工与组织之间情感上的认可和依赖会提高员工的工作满意度。Vandenberg 和 Lance③ 的研究也表明，员工之所以有着较高的工作满意度，主要是因为其对组织有着较高的认可，以及对自身工作有着很高的投入。根据社会交换理论，如果员工具有较高的情感承诺，他们会感知到组织为其提供的工作支持和来自上司领导的尊重与关爱，与此相对应，员工作为回报会对组织产生更强烈的责任感，从而表现出积极的态度和行为。④ 这种积极的态度和行为包含因确信工作环境具备高度的稳定性和自身工作内容及安排合理得当而拥有较高的工作满意度，以及选择在组织内继续留任，履行应有的工作职责，和为了组织发展做出额外的努力，例如组织公民行为等。⑤ 因为组织公民行为表征着员工积极参与组织活动或想成为组织一员的强烈愿望，所以员工会倾向于继续留任，期望为组织做出更多的贡献。⑥ 同时，因为员工所感受

① Harrison, D. A., Newman, D. A., Roth, P. L., "How Important Are Job Attitudes? Meta - analytic Comparisons of Integrative Behavioral Outcomes and Time Sequences", *Academy of Management Journal*, Vol. 49, No. 2, 2006, pp. 305 - 325.

② Ng, T. W. H., "Transformational Leadership and Performance Outcomes: Analyses of Multiple Mediation Pathways", *Leadership Quarterly*, Vol. 28, No. 3, 2017, S1316203481.

③ Vandenberg, R. J., Lance, C. E., "Examining the Causal Order of Job Satisfaction and Organizational Commitment", *Journal of management*, Vol. 18, No. 1,: pp. 153 - 167.

④ Tse, H. H. M., Huang, X., Lam, W., "Why Does Transformational Leadership Matter for Employee Turnover? A Multi - foci Social Exchange Perspective", *Leadership Quarterly*, Vol. 24, No. 5, 2013, pp. 763 - 776.

⑤ 陈笃升、王重鸣：《组织变革背景下员工角色超载的影响作用：一个有调节的中介模型》，《浙江大学学报》（人文社会科学版）2015 年第 45 卷第 3 期，第 143—157 页。

⑥ Chen, X., Hui, C., Sego, D. J., "The Role of Organizational Citizenship Behavior in Turnover: Conceptualization and Preliminary Tests of Key Hypotheses", *Journal of Applied Psychology*, Vol. 83, No. 6, 1998, pp. 922 - 931.

的组织支持，是通过领导表现的，所以主管也常常被员工认为是组织的代理人，因此，情感承诺较高的员工为了和组织保持良好的社会交换关系，通常都是通过与主管维系着良好的互惠关系来实现的。实证研究也表明，变革型领导行为能够有效提升员工与组织之间交换关系的质量，从而使得员工具有较高的情感承诺。[①]

最后，在具体的影响过程方面，Ng[②] 指出社会交换机制（社会交换关系）能直接反映员工与组织的互动质量，是最为接近员工在感受到上司变革型领导行为后的心理反应和行为反馈，因而相较于情感及其他影响机制，社会交换机制（员工与组织关系）是变革型领导影响下属最为主要的途径，所以能在变革型领导与其他影响机制的中介变量之间起到中介作用。[③] Song 等[④]的实证研究也支持这一观点，变革型领导能增强下属与领导或者组织之间社会交换关系的质量，进而刺激下属更加地努力工作，做出更多的互惠行为回报组织和上司。此外，交换关系又是重要的工作环境特征，当关系不断增强，互惠行为持续增多时，下属很容易受到情感事件的影响，继而引发员工积极的情感体验，导致工作满意度发生变化。[⑤] 而当员工的工作满意度较高时，员工会认为当前的工作很有意义，工作成就感也会得到增强，进而加大对工作角色的投入。由于组织公民行为也表征着员工对工作角色的投入，所以高水平的组织公民行为意味着员工身为"组织成员"意愿的增强，即更倾向于留任，积极参

---

① Tse, H. H. M., Huang, X., Lam, W., "Why Does Transformational Leadership Matter for Employee Turnover? A Multi – foci Social Exchange Perspective", *Leadership Quarterly*, Vol. 24, No. 5, 2013, pp. 763 – 776.

② Ng, T. W. H., "Transformational Leadership and Performance Outcomes: Analyses of Multiple Mediation Pathways", *Leadership Quarterly*, Vol. 28, No. 3, 2017, S1316203481.

③ Wang, H., Law, K. S., Hackett, R. D., et al., "Leader – member Exchange as a Mediator of the Relationship Between Transformational Leadership and Followers' Performance and Organizational Citizenship Behavior", *Academy of Management Journal*, Vol. 48, No. 3, 2005, pp. 420 – 432.

④ Song, L. J., Tsui, A. S., Law, K. S., "Unpacking Employee Responses to Organizational Exchange Mechanisms: The Role of Social and Economic Exchange Perceptions", *Journal of Management*, Vol. 35, No. 1, 2009, pp. 56 – 93.

⑤ Ng, T. W. H., "Transformational Leadership and Performance Outcomes: Analyses of Multiple Mediation Pathways", *Leadership Quarterly*, Vol. 28, No. 3, 2017, S1316203481.

与组织活动，为组织成功奉献力量。① 因此，在整合上述关系与假设 H1、H2、H3、H4 的基础上，本文认为情感承诺、工作满意度与组织公民行为很可能在变革型领导与下属离职倾向之间发挥链式中介作用，理论模型如图 1 所示。据此，本研究提出以下假设：

H5 情感承诺、工作满意度与组织公民行为在变革型领导与员工离职倾向之间起链式中介作用。

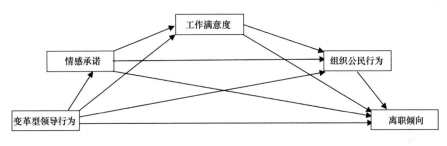

图 1 理论框架

三 研究设计

（一）研究样本

本研究选取了在北京市工作、出生于 1980 年以后，来自河北、山东、安徽等全国多个省区市的 IT 行业员工作为研究样本，主要涉及计算机硬件和软件，网络和通信技术及应用软件开发等类型的企业。为了保证足够的数据规模，本研究采用了网上问卷调查的方式，将设计好的调研问卷委托给国内权威的第三方调研平台——"51 调查网"进行数据收集。其间共发放问卷 585 份，回收 534 份，回收率为 91.28%。排除连续有 6 个缺失值或者有一个变量未填写的问卷，最终得到有效问卷 520 份。样本回收以及有效率达到 88.89%。有效样本中男性为 368 人，占 70.77%，女性有 152 人，占 29.23%；本科及以下学历 276 人（53.08%），本科以上学历 244 人（46.92%）；处于 20—25 岁的有 141 人（27.12%），处于 26—30 岁的有 212 人（40.76%），处于 31—37 岁的有 167 人（32.12%）；

① Chen, X., Hui, C., Sego, D. J., "The role of Organizational Citizenship Behavior in Turnover: Conceptualization and Preliminary Tests of Key Hypotheses", *Journal of Applied Psychology*, Vol. 83, No. 6, 1998, pp. 922 – 931.

任职年限为 3 年以下的有 227 人（43.65%），任职年限为 4—6 年的有 197 人（37.88%），任职年限达 7 年以上的有 96 人（18.46%）。

（二）测量工具

本文中所有测量工具均采用从"1 = 非常不同意"逐渐到"5 = 非常同意"的李克特 5 点计分量表，且由员工进行评价。变革型领导量表采用李超平和时勘[1]编制的适合中国企业情境的量表，共 26 个条目，包括德行垂范、愿景激励、个性化关怀和领导魅力四个维度，其中，德行垂范 8 个条目，愿景激励 6 个条目，个性化关怀 6 个条目，领导魅力 6 个条目，量表的克朗巴赫 α 系数为 0.92。情感承诺量表采用吕福新和顾姗姗[2]修订后的量表，共 8 个条目，量表的克朗巴赫 α 系数为 0.86。工作满意度量表采用张田和罗家德[3]开发的工作满意度量表，共 5 个条目，包括环境满意和薪资满意两个维度，其中，环境满意为 3 个条目，薪资满意为 2 个条目，量表的克朗巴赫 α 系数为 0.85。组织公民行为量表采用 Farh 等[4]编制的量表，共 20 个条目，包括组织认同、协助同事、尽责性、人际和谐和保护组织资源五个维度，其中，组织认同为 4 个条目，协助同事 4 个条目，尽责性 5 个条目，人际和谐 4 个条目，保护组织资源 3 个条目，量表的克朗巴赫 α 系数为 0.89。离职倾向量表采用翁清雄和席酉民[5]改进的量表，共 4 个条目，量表的克朗巴赫 α 系数为 0.89。

四　数据分析与结果

（一）区分效度分析与共同方法偏差检验

本研究采用员工自我报告方式收集数据，可能存在共同方法偏差问

① 李超平、时勘：《变革型领导的结构与测量》，《心理学报》2005 年第 6 期，第 97—105 页。

② 吕福新、顾姗姗：《心理所有权与组织公民行为的相关性分析——基于本土企业的视角和浙江企业的实证》，《管理世界》2007 年第 5 期，第 94—103 页。

③ 张田、罗家德：《圈子中的组织公民行为》，《管理学报》2015 年第 12 卷第 10 期，第 1442—1449 页。

④ Farh, J. L., Earley, P. C., Lin, S. C., "Impetus for Action: A Cultural Analysis of Justice and Organizational Citizenship Behavior in Chinese Society", *Administrative Science Quarterly*, Vol. 42, No. 3, 1997, pp. 421 – 444.

⑤ 翁清雄、席酉民：《职业成长与离职倾向：职业承诺与感知机会的调节作用》，《南开管理评论》2010 年第 13 卷第 2 期，第 119—131 页。

题。因此，本文对数据进行了 Harman 单因子分析，具体是采用 SPSS 25.0 进行探索性因子分析。

设定公因子为 1，结果显示全部题项在未旋转的情况下，第一个因子的解释量为 26.34%，说明本研究不存在严重的共同方法偏差问题。[①]

同时，为了考察五个潜变量的区分效度，本研究采用 MPLUS 8.0 对观测变量进行了验证性因子分析（CFA）。由于观测变量较多，采用打包方法，将变革型领导、工作满意度与组织公民行为的观测变量按照各自维度所属分别将其打包成 4 个、2 个与 5 个指标进行数据分析。并对五因子模型及其他四个模型的拟合指数进行了比较。从表 1 的验证性因子分析结果可以看出，与其他模型相比，五因子模型的拟合指数（χ^2/df = 3.38，RMSEA = 0.07，CFI = 0.92，TLI = 0.91，SRMR = 0.05）优于其他模型，说明本研究中所涉及的五个潜变量具有良好的区分效度。

表 1 验证性因子分析结果

模型	χ^2	df	χ^2/df	RMSEA	CFI	TLI	SRMR
五因子模型：TLB、AC、JS、OCB、TI	742.84	220	3.38	0.07	0.92	0.91	0.05
四因子模型：TLB、AC +JS、OCB、TI	869.71	224	3.88	0.07	0.90	0.89	0.06
三因子模型：TLB、AC +JS +OCB、TI	1327.22	227	5.85	0.10	0.83	0.81	0.08
二因子模型：TLB + AC + JS、OCB +TI	1548.49	229	6.76	0.11	0.80	0.78	0.09
单因子模型：TLB + AC +JS +OCB +TI	2649.30	230	11.52	0.14	0.63	0.59	0.09

注：TLB = 变革型领导，AC = 情感承诺，JS = 工作满意度，OCB = 组织公民行为，TI = 离职倾向。

（二）变量描述统计

表 2 列出了本研究中各变量的描述性统计分析结果和 Pearson 相关系数。相关分析表明，变革型领导行为与员工情感承诺（r = 0.58，p < 0.01）、工作满意度（r = 0.54，p < 0.01）、组织公民行为（r = 0.63，p < 0.01）呈显著正相关，与离职倾向（r = -0.45，p < 0.01）呈显著负

---

① 周浩、龙立荣：《共同方法偏差的统计检验与控制方法》，《心理科学进展》2004 年第 6 期，第 942—950 页。

相关。员工情感承诺与工作满意度（r=0.48，p<0.01）、组织公民行为（r=0.49，p<0.01）呈显著正相关，与离职倾向（r=-0.41，p<0.01）呈显著负相关。员工工作满意度与组织公民行为（r=0.53，p<0.01）呈显著正相关，与离职倾向（r=-0.42，p<0.01）呈显著负相关。组织公民行为与离职倾向（r=-0.49，p<0.01）呈显著负相关。

表2   变量的均值、标准差和相关系数（N=520）

变量	M	SD	1	2	3	4	5	6	7	8	9
1. 性别	1.29	0.46	–								
2. 年龄	28.95	4.53	-0.04	–							
3. 受教育水平	2.34	0.69	-0.06	0.14**	–						
4. 任职年限	4.49	2.63	-0.02	0.62**	0.08	–					
5. 变革型领导行为	3.87	0.41	0.14**	0.01	-0.02	0.016	–				
6. 情感承诺	4.09	0.44	0.07	0.02	-0.04	-0.04	0.58**	–			
7. 工作满意度	3.85	0.56	0.09*	-0.09*	0.03	-0.02	0.54**	0.48**	–		
8. 组织公民行为	3.75	0.41	0.09*	0.01	-0.03	0.04	0.63**	0.49**	0.53**	–	
9. 离职倾向	1.96	0.53	-0.08	-0.09*	-0.01	-0.01*	-0.45**	-0.41**	-0.42**	-0.49**	–

注：N=520；* 表示 p<0.05，** 表示 p<0.01。

（三）多重中介模型检验

为了更好地评估情感承诺、工作满意度和组织公民行为的中介作用，本研究运用 SPSS 25.0 软件，采用 Hayes[①] 开发的 PROCESS 宏程序来检验研究假设，执行模型6，选择偏差矫正的非参数百分位抽样自助法（Bootstrapping），通过重复抽样10000次，计算95%的置信区间来检验中介效应的显著性。分析结果如表3、表4所示。

由表3可知，变革型领导与离职倾向显著负相关（M4：β=-0.160，p<0.01），假设 H1 得到支持。此外，变革型领导与员工情感承诺显著正

---

① Hayes, A. F., *An Introduction to Mediation, Moderation, and Conditional Process Analysis: A Regression-based Approach*, New York: Guilford Press, 2013.

相关（M1：β = 0.622，p < 0.01）；在控制变革型领导和其他核心变量后，情感承诺仍与离职倾向显著负相关（M4：β = - 0.161，p < 0.01），说明情感承诺的中介作用成立，假设 H2 得到支持。表 4 显示变革型领导通过情感承诺对离职倾向的间接效应显著（间接效应值 - 0.100；CI 为 [0.204，- 0.010]，不包含 0），中介效果量为 17.21%，假设 H2 得到进一步支持。

表3　　　　　　　**情感承诺、工作满意度与组织公民行为的中介作用**

	M1 （情感承诺）		M2 （工作满意度）		M3 （组织 公民行为）		M4 （离职倾向）	
	β	SE	β	SE	β	SE	β	SE
性别	0.015	0.035	0.026	0.044	- 0.005	0.029	- 0.019	0.043
年龄	0.008 *	0.004	- 0.018 **	0.006	0.001	0.004	- 0.008	0.006
教育程度	- 0.018	0.023	0.055	0.029	- 0.015	0.019	- 0.006	0.028
任职年限	- 0.017	0.008	0.016	0.009	0.005	0.007	- 0.010	0.009
变革型领导行为	0.622 **	0.038	0.511 **	0.060	0.422 **	0.044	- 0.160 **	0.057
情感承诺			0.346 **	0.056	0.115 **	0.040	- 0.161 **	0.057
工作满意度					0.187 **	0.030	- 0.146 **	0.045
组织公民行为							- 0.340 **	0.064
R²	34.59%		34.91%		45.78%		31.89%	
F	54.36		45.86		61.75		29.91	

注：N = 520；* 表示 p < 0.05，** 表示 p < 0.01。

同理，结合表 3 和表 4 可以看出，工作满意度（M2：β = 0.511，p < 0.01，M4：β = - 0.146，p < 0.01；间接效应值为 - 0.075；CI 为 [- 0.125，- 0.033]，不包含 0）和组织公民行为（M3：β = 0.422，p < 0.01，M4：β = - 0.340，p < 0.01；间接效应值为 - 0.144；CI 为 [- 0.213，- 0.088]，不包含 0）的中介作用成立，中介效果量分别为：12.91%，24.78%，假设 H3 和 H4 得到支持。

此外，由表 4 可知，变革型领导 - > 情感承诺 - > 工作满意度 - > 离职倾向、变革型领导 - > 情感承诺 - > 组织公民行为 - > 离职倾向、变革型领导 - > 工作满意度 - > 组织公民行为 - > 离职倾向、变革型领导－＞情感承诺－＞工作满意度－＞组织公民行为－＞离职倾向的偏差矫正的百分位 Bootstrap（95% CI）置信区间分别为［－0.063，－0.013］、［－0.500，－0.009］、［－0.054，－0.019］和［－0.025，－0.007］，均不包含 0，说明这四条路径的链式中介效应显著。假设 H5 得到进一步支持。具体而言，通过 PROCESS 程序对链式中介效应检验结果如下：（1）变革型领导依次通过情感承诺、工作满意度影响离职倾向的链式中介效应显著，效应值为－0.032，中介效果量为 5.51%；（2）变革型领导依次通过情感承诺、组织公民行为影响离职倾向的链式中介效应显著，效应值为－0.024，中介效果量为 4.13%；（3）工作满意度和组织公民行为在变革型领导与离职倾向之间的链式中介效应显著，效应值为－0.033，中介效果量为 5.68%；（4）情感承诺、工作满意度和组织公民行为在变革型领导与离职倾向之间的链式中介效应显著，效应值为－0.014，中介效果量为 2.41%。

最后，结合表 4 和以上分析可知，变革型领导对离职倾向的影响总效应的 PROCESS 估计值为－0.581，CI 为［－0.680，－0.480］，总中介效应的 PROCESS 估计值为－0.422，CI 为［－0.560，－0.295］，总中介效果量为 72.63%，说明总效应、总中介效应均显著。

表4　变革型领导、情感承诺、工作满意度、组织公民行为与离职倾向的关系

	路径	EFFECT	SE	置信区间		效果量
		－0.159	0.068	－0.293	－0.026	
直接效应	TLB －＞ AC －＞ TI	－0.100	0.049	－0.204	－0.010	17.21%
	TLB －＞ AC －＞ JS －＞ TI	－0.032	0.012	－0.063	－0.013	5.51%
	TLB －＞ AC －＞ OCB －＞ TI	－0.024	0.010	－0.500	－0.009	4.13%
	TLB －＞ AC －＞ JS －＞ OCB －＞ TI	－0.014	0.004	－0.025	－0.007	2.41%
	TLB －＞ JS －＞ TI	－0.075	0.024	－0.125	－0.033	12.91%
	TLB －＞ JS －＞ OCB －＞ TI	－0.033	0.009	－0.054	－0.019	5.68%
	TLB －＞ OCB －＞ TI	－0.144	0.032	－0.213	－0.088	24.78%
	总中介效应	－0.422	0.067	－0.560	－0.295	72.63%
总效应		－0.581	0.051	－0.680	－0.480	

注：N＝520，TLB＝变革型领导，AC＝情感承诺，JS＝工作满意度，OCB＝组织公民行为，TI＝离职倾向。

五　结论与讨论

本研究聚焦于 IT 行业众多组织普遍面临的新生代知识型员工大量频繁离职的问题，基于社会交换理论和情感事件理论与离职行为理论，构建了链式中介模型，不仅考察了 IT 行业内变革型领导对新生代知识型员工离职意向的直接影响，还分析了情感承诺、工作满意度与组织公民行为在二者之间的中介作用。研究结果表明，上司所表现的变革型领导行为越强烈，下属员工的离职倾向水平越低；情感承诺、工作满意度与组织公民行为在变革型领导与下属离职倾向之间起到中介作用；变革型领导行为通过情感承诺、工作满意度与组织公民行为间接影响下属员工离职倾向的四条链式中介效应均通过显著性检验。因此，变革型领导不仅会直接影响下属离职倾向，还会通过情感承诺、工作满意度与组织公民行为间接影响下属离职倾向。

（一）理论意义

首先，本书深化了变革型领导影响机制的分析，通过整合社会交换理论与情感事件理论，结合离职研究的行为视角，分析了变革型领导对员工离职倾向的影响机制。已有研究中，学者们基于不同理论视角对变革型领导与离职倾向的作用机制进行了一定探究，但大都单独进行，缺乏整合分析。Tse 等[1]从工作嵌入角度，依据社会交换理论探究了领导成员交换关系和情感承诺及离职倾向在变革型领导行为与离职行为之间的多重中介作用，但忽略了工作环境中情感事件（情感事件机制）对员工离职倾向的影响。张莉等[2]根据社会交换理论和组织支持理论探究了变革型领导行为在不同集体主义背景下对离职倾向的作用路径，但没能考察员工在不同文化背景下行为差异的变化对离职倾向的

---

[1]　Tse, H. H. M., Huang, X., Lam, W., "Why Does Transformational Leadership Matter for Employee Turnover? A Multi - foci Social Exchange Perspective", *Leadership Quarterly*, Vol. 24, No. 5, 2013, pp. 763 – 776.

[2]　张莉、夏莹、孙达：《基于集体主义情境的变革型领导、组织承诺与离职倾向研究》，《管理学报》2013 年第 10 卷第 9 期，第 1316—1322 页。

影响。本研究根据 Ng[①] 的建议，整合了社会交换理论与情感事件理论，同时也将留任因素纳入分析框架，并对作用机制顺序进行了探析，即社会交换机制（员工与组织关系）在情感事件机制与变革型领导行为之间起到中介作用，进而引发员工的行为和态度（离职倾向）发生了变化。另外，通过整合社会交换等成熟理论考察变革型领导与离职倾向之间的多重中介（链式中介）作用，也在一定程度上丰富了离职行为的研究视角，从而拓展了现有理论分析框架。

其次，结合"留任引力"与"离职推力"两个视角，分析了影响员工离职的因素，从而深化了对知识型员工离职原因的探析。已有离职原因的研究，学者们大多基于"离职推力"和"离职拉力"两个视角进行，并取得了一定的研究成果，但缺乏视角的整合。例如，国内研究者聂琦和谢煜[②]，兰玉杰和张晨露[③]更多的是从"离职推力"（工作满意度）的视角来探究员工离职倾向的产生。Mitchell 等[④]指出，员工通过关系绩效与组织成员构建的良好人际关系，是"留任拉力"因素的一个重要体现。本研究以工作场所中重要的变革型领导这一典型的"留任引力"因素为自变量，结合表征员工与组织社会交换关系的情感承诺，整合"离职推力"因素中的工作满意度和行为视角下的组织公民行为分析了变革型领导对下属离职倾向的作用关系，在对离职前因的多个因素的影响作用进行验证的同时，也对各因素之间的相关关系尝试做了解释。

最后，本文检验了变革型领导影响员工离职倾向的路径及其中介效应的大小。以往很多研究，在实证检验部分，未能更进一步对多重中介机制中的特定中介作用或链式中介作用的影响效应进行检验。例如，Ng

---

① Ng, T. W. H., "Transformational Leadership and Performance Outcomes: Analyses of Multiple Mediation Pathways", *Leadership Quarterly*, Vol. 28, No. 3, 2017, S1316203481.

② 聂琦、谢煜:《家庭支持型主管行为与离职倾向：工作——家庭冲突双向性和工作满意度的多重中介作用》,《中国人力资源开发》2018 年第 35 卷第 1 期，第 48—59 页。

③ 兰玉杰、张晨露:《新生代员工工作满意度与离职倾向关系研究》,《经济管理》2013 年第 35 卷第 9 期，第 81—88 页。

④ Mitchell, T. R., Holtom, B. C., Lee, T. W., et al., "Why People Stay: Using Job Embeddedness to Predict Voluntary Turnover", *Academy of Management Journal*, Vol. 44, No. 6, 2001, pp. 1102 – 1121.

虽然对社会交换机制、情感事件机制等五种机制进行了整合，但未能对整合后的研究模型中的作用路径进行检验①。Tse 等依据社会交换理论，检验了情感承诺与领导成员交换（leader‐member exchange）及离职倾向在变革型领导行为与离职行为之间的多重中介作用，但没有对研究模型中的中介效果量进行验证②。本研究通过对情感承诺、工作满意度与组织公民行为在变革型领导行为与下属离职倾向之间中介效应的考察，发现总中介效果量达 72.63%，上司的变革型领导行为对下属员工离职倾向的影响超过一半的效应是通过情感承诺、工作满意度和组织公民行为发挥作用的，说明本研究的中介变量对解释上司的变革型领导行为影响 IT 行业新生代知识型员工的离职倾向具有重要意义。特别是组织公民行为这一中介路径的中介效果量最大，中介效应为 24.78%，也就是说变革型领导能通过与员工所建立的互动关系来提升他们对工作角色的投入水平，增强他们的归属感，进而拉近员工与组织所保持的距离，从而有效减低员工的离职倾向。此外，变革型领导通过情感承诺、工作满意度与组织公民行为间接影响下属员工离职倾向的四条链式中介路径的效果量依次为 5.51%、4.13%、2.41% 和 5.68%，链式中介效应均通过显著性检验，虽然效果量均相对偏小，但这四种相对偏小的链式中介效应对所检验的理论假设仍具有重要的理论意义。

（二）实践意义

此外，本文的研究结论对管理实践也具有一定的指导作用。首先，在日常管理中，主管可以表现出优秀的领导魅力和高尚的道德品质，来提高员工对自身的认同和对组织的信任，增加员工的组织支持感。特别是针对 IT 或新生代知识型员工，管理者更应该加大对员工的愿景激励和感召，通过为其提供富有意义和挑战性的任务，来满足员工的工作成就和个人成长诉求，从而保证有价值的员工能够长期稳定地为组织贡献力量。其次，管理者在管理活动中要经常与员工进行互动，努力维系员

---

① Ng, T. W. H. , "Transformational Leadership and Performance Outcomes: Analyses of Multiple Mediation Pathways", *Leadership Quarterly*, Vol. 28, No. 3, 2017, S1316203481.

② Tse, H. H. M. , Huang, X. , Lam, W. , "Why Does Transformational Leadership Matter for Employee Turnover? A Multi‐foci Social Exchange Perspective", *Leadership Quarterly*, Vol. 24, No. 5, 2013, pp. 763–776.

工与组织和自己建立的交换关系，通过表现出愿景激励等行为和特质来提升员工的情感承诺水平，增强员工对组织的认同感和归属感，进而提升下属的工作满意度，工作满意度高的员工在工作中也更容易产生对他人和组织发展有利的"角色外行为"。最后，管理者在为员工描绘未来愿景的同时，也应当多关注对员工情绪和工作动机的激励，或者通过自身的专业技能和较高的管理水平来感染员工，开放地接受下属的观点并鼓励员工按照自己的方法工作，对员工提供一定的支持和关怀，等等，这些变革型领导行为都能有效增强下属的反馈水平和留任意愿。

（三）研究不足与展望

本研究主要存在以下三点局限需要在今后的研究中加以改进。第一，社会交换机制中，包含表征主管与员工之间交换关系的领导成员交换和反映组织与员工之间交换关系的情感承诺两个代表变量，而本研究中仅仅考虑了以组织为导向的社会交换关系，选取了情感承诺作为社会交换机制的代表变量。所以，未来的研究中，可以同时选取领导成员交换和情感承诺代表社会交换机制进行理论探究。第二，研究数据全部通过员工自评的方式获取，尽管检验结果表明研究中所使用的数据不存在严重的同源方法偏差问题，但采用多数据来源的方法来收集数据不仅能降低同源方法偏差的影响，还能提高研究结果的可靠性。另外，本研究为横断研究，虽然横断研究可以较好地对各变量之间的关系进行揭示，但是对研究样本变量间因果关系的统计推断的准确性较低。因此，在未来的研究中可以采用纵向的多时点和多数据来源的方法。第三，本研究的对象为 IT 行业的新生代知识型员工，但是在研究模型中没有将代表新生代知识型员工价值观念的核心变量纳入理论分析框架，忽略了价值观念对员工离职倾向的影响，因此未来的研究中，可以在既有基础上，同时将表征新生代知识型员工价值观念的变量考虑进来，进行统合分析。此外，尽管本文在开展研究时大量收集了来自河北、山东等多个地区的样本，能在一定程度上代表着所调研地区员工的工作观念和特质，但由于不同行业的发展前景和基本情况具有较大差异，因此，本研究所得出的研究结论在管理实践的具体应用上可能会存在一定的局限性。

变革型领导与 IT 行业
新生代知识型员工离职倾向研究：
组织公民行为的中介作用

摘　要： 聚焦于 IT 行业众多组织面临的新生代知识型员工频繁离职的问题，基于离职行为理论，采用调查问卷的方法，以 520 名 IT 行业新生代知识型员工为研究样本，探讨了组织公民行为在变革型领导与下属离职倾向之间的中介作用。研究结果表明：变革型领导对下属离职倾向具有显著负向预测作用；组织公民行为在变革型领导与下属离职倾向之间起到了中介作用。

关键词： 变革型领导行为；离职倾向；组织公民行为

在知识经济时代，员工主动离职不仅会使组织蒙受巨大的经济损失，对组织的健康发展和政策实施也会造成一定的影响。[①] 如今中国 IT 行业快速发展，对 IT 相关人才的需求亦是与日俱增，但与其相对应的却是行业内员工的频繁离职。IT 作为知识密集型产业，主要依靠创新驱动获取竞争优势，为了促进 IT 行业稳健发展，稳定的劳动力供给和较低的离职率是关键所在。相较于非新生代员工，作为新知识与创造力兼具的新生代知识型员工，对 IT 行业的作用日益凸显，并逐渐成为诸多 IT 组织发展壮大中不可或缺的宝贵资源，但其自身鲜明的性格特征和多样化的工作追求也造成了自身较低的职场稳定性，最主要的表现便是主动离职率偏高。[②] 根据 Mobley 的研究，离职主要是指从组织中获得经济报酬的员工，经过考虑自愿离开当前工作岗位，中断组织成员关系的过程。[③] 早期，学者们主要关注管理者如何通过提升工资水平来抑制员工离职，以及对员工离职成本进行详细核算来设计降低员工离职的策略，思考员工离职的

---

① 王振源、孙珊珊、戴瑞林：《同事离职对留任员工离职意图的影响机制研究——一个被中介的调节作用模型》，《管理评论》2014 年第 26 卷第 4 期，第 82—92 页。

② 倪渊：《新生代知识型员工离职倾向影响因素——基于互联网创业公司的实证研究》，《北京理工大学学报》（社会科学版）2017 年第 19 卷第 1 期，第 108—115 页。

③ Mobley, W. H., "Employee Turnover, Causes, Consequences, and Control", *Addison - Wesley*, 1982.

原因所在。"员工为什么会离职?"是这类离职研究领域中最为核心的问题。March 和 Simon 认为,影响员工留任和离职行为的因素可以分为"离职推力"和"离职拉力"两种①。现有研究大都是以此为理论视角进行探究。② Mitchell 等认为,已有离职研究的分析框架忽略了"留任引力"这一特殊因素对员工离职行为的影响,并从工作嵌入的视角,来探究哪些工作因素或非工作因素更有可能促使员工留任。③ 由于离职倾向反映了员工欲离开现任组织的内心决策过程,所以也表征着员工从产生离职想法到实际离职之间的一种过渡,是离职研究中的核心变量。④ Tse 等以此为基础,指出作为重要的"留任引力"因素,变革型领导对员工组织认同的塑造及良好人际关系的建立均有显著影响,并对员工离职倾向具有抑制作用。⑤ 变革型领导能将下属从只关心个人利益转变为"集体利益"先行,具体通过领导魅力、愿景激励、智力激发和个性化关怀,⑥ 来激发员工的内部动机,使员工保持良好的绩效水平,因而被认为对员工的工作态度、任务绩效以及角色外行为等有着显著的提升作用。⑦⑧⑨ 然而,

① March, J. G. and Simon, H. A., *Organizations. Wiley*, New York. 1958.

② Rubenstein, A. L., Eberly, M. B., Lee, T. W., et al., "Surveying the Forest: A Meta-analysis, Moderator Investigation, and Future-oriented Discussion of the Antecedents Ofvoluntary Employee Turnover", *Personnel Psychology*, Vol. 71, No. 1, 2018, pp. 23-65.

③ Mitchell, T. R., Holtom, B. C., Lee, T. W., et al., "Why People Stay: Using Job Embeddedness to Predict Voluntary Turnover, *Academy of Management Journal*, Vol. 44, No. 6, 2001, pp. 1102-1121.

④ 翁清雄、席酉民:《职业成长与离职倾向:职业承诺与感知机会的调节作用》,《南开管理评论》2010 年第 13 卷第 2 期,第 119—131 页。

⑤ Tse, H. H. M., Huang, X., Lam, W., "Why Does Transformational Leadership Matter for Employee Turnover? A Multi-foci Social Exchange Perspective", *Leadership Quarterly*, Vol. 24, No. 5, 2013, pp. 763-776.

⑥ Bass B. M., "Theory of Transformational Leadership Redux", *The Leadership Quarterly*, Vol. 6, No. 4, 1995, pp. 463-478.

⑦ Rubenstein, A. L., Eberly, M. B., Lee, T. W., et al., "Surveying the Forest: A Meta-analysis, Moderator Investigation, and Future-oriented Discussion of the Antecedents of Voluntary Employee Turnover", *Personnel Psychology*, Vol. 71, No. 1, 2018, pp. 23-65.

⑧ Mitchell, T. R., Holtom, B. C., Lee, T. W., et al., "Why People Stay: Using Job Embeddedness to Predict Voluntary Turnover", *Academy of Management Journal*, Vol. 44, No. 6, 2001, pp. 1102-1121.

⑨ 翁清雄、席酉民:《职业成长与离职倾向:职业承诺与感知机会的调节作用》,《南开管理评论》2010 年第 13 卷第 2 期,第 119—131 页。

尽管学者们对变革型领导与员工离职倾向之间的关系进行了一定的考察，但是仍缺乏对其影响机制的深入揭示。基于此，本研究将从"留任引力"角度，整合离职行为理论，对变革型领导影响员工离职倾向的作用机制进行深入探究，以期拓展现有理论分析框架，丰富员工离职的研究，进而为 IT 组织的管理实践提供相应的理论支持。

一　理论基础与研究假设

（一）变革型领导行为和新生代知识型员工的离职倾向

Bass[1]认为，变革型领导通过向下属灌输较高层次的价值观念，增强下属对工作意义的感知，从而激发下属更高层次的需求；鼓励员工的创造性想法，在工作过程中"以身作则"，以此来获得下属的认同和追随，促进组织中互相信任氛围的建立；向员工展现出积极向上的愿景，且能清楚地知道每个下属的成长需要以及适时地聆听并对下属开展培训。离职倾向主要是指员工想要离开现任组织的一种心理倾向，是自身工作不如意、有离职想法、已经开始为自己寻找其他合适工作机会等行为的综合展现。[2] 主管作为组织的代理人，其行为方式自然会对员工的工作态度和组织预期产生一定的影响，进而作用于离职倾向。例如，Tse 等[3]发现变革型领导行为对下属的离职倾向具有显著的负向影响作用。

结合倪渊[4]对新生代知识型员工离职倾向影响因素的探究，本研究认为主管的变革型领导行为能够有效降低下属的离职倾向，主要是因为：第一，变革型领导所表现出的超凡魅力和高尚的道德品质，能够增强员工对领导的认同、尊重与信任，尤其是知识型员工，愿意成为领导追随

---

① Bass, B. M., "Theory of Transformational Leadership Redux", *The Leadership Quarterly*, Vol. 6, No. 4, 1995, pp. 463 – 478.

② Mitchell, T. R., Holtom, B. C., Lee, T. W., et al., "Why People Stay: Using Job Embeddedness to Predict Voluntary Turnover", *Academy of Management Journal*, Vol. 44, No. 6, 2001, pp. 1102 – 1121.

③ Tse, H. H. M., Huang, X., Lam, W., "Why Does Transformational Leadership Matter for Employee Turnover? A Multi – foci Social Exchange Perspective", *Leadership Quarterly*, Vol. 24, No. 5, 2013, pp. 763 – 776.

④ 倪渊：《新生代知识型员工离职倾向影响因素——基于互联网创业公司的实证研究》，《北京理工大学学报》（社会科学版）2017 年第 19 卷第 1 期，第 108—115 页。

者的想法会更强烈，这时员工的组织支持感也会得到提升。第二，变革型领导在日常工作中对知识型员工的愿景激励和感召，以及为其提供富有意义和挑战性的任务，高度契合了新生代知识型员工的性格特征，能够有效激发其积极向上的工作态度，从而降低其离职意愿。第三，变革型领导能通过"智力激发"的方式，使知识型员工能够按照自己的想法来工作，实现自我价值，增强自身的成就感。另外，变革型领导对员工进行的个性化关怀，满足了知识型员工对组织归属和个人职业生涯发展的需求，进而增强其对组织的依赖感，依据社会交换理论的互惠原则，作为对组织的回报，知识型员工将会自觉增加对组织的投入，离职倾向自然较低。据此，本研究提出以下假设。

假设 H1：变革型领导对新生代知识型员工的离职倾向具有负向影响作用。

二 研究设计

(一) 研究样本

本研究采用了网上问卷调查的方式，将设计好的调研问卷委托给"51 调查网"进行数据收集，将出生于 1980 年以后、在北京市工作的 IT 行业员工作为研究样本。其间共发放问卷 585 份，剔除无效问卷后，得到有效问卷 520 份。

(二) 测量工具

本研究所用量表均采用 5 点的李克特计分。具体地，变革型领导采用李超平和时勘改进的量表，包含 26 个题项，共计四个维度，该量表的 Cronbach's α 为 0.92。组织公民行为采用 Farh 等编制的量表，包含 20 道题项，共计五个维度，该量表的 Cronbach's α 为 0.89。离职倾向采用翁清雄和席酉民改进的量表，包含 4 个题项，该量表的 Cronbach's α 为 0.89。

三 数据分析与结果

(一) 区分效度分析

为了考察三个潜变量的区分效度，本研究采用 MPLUS 8.0 对观测变量进行了验证性因子分析。由于观测变量较多，采用打包方法，将变革型领导行为与组织公民行为的观测变量按照各自维度所属分别将其打包成 4 个与 5 个指标进行数据分析。分析结果显示,三因子模型的拟合指数($\chi2/\text{df} = 1.87$, $RMSEA = 0.04$, $CFI = 0.99$, $TLI = 0.99$, $SRMR = 0.04$)显著优于其他模型,说明本研究中所涉及的三个潜变量具有良好的区分效度。

(二) 相关性分析

分析结果显示,各研究变量之间的关系均达到统计显著性水平,为后续的假设检验奠定了基础。具体情况如表 1 所示。

表1 研究变量的相关系数

变量	M	SD	1	2	3	4	5	6	7
1. 性别	1.29	0.46	–						
2. 年龄	28.95	4.53	−0.04	–					
3. 受教育水平	2.34	0.69	−0.06	0.14**	–				
4. 任职年限	4.49	2.63	−0.02	0.62**	0.08	–			
5. 变革型领导	3.87	0.41	0.14**	0.01	−0.02	0.02	–		
6. 组织公民行为	3.75	0.41	0.09*	0.01	−0.03	0.04	0.63**	–	
7. 离职倾向	1.96	0.53	−0.08	−0.09*	−0.01	−0.01*	−0.45**	−0.49**	–

注:$N = 520$;* 表示 $p < 0.05$,** 表示 $p < 0.01$。

(三) 假设检验

采用 PROCESS 程序来检验研究假设,执行模型 4,重复抽样 10000 次,求 95% 的置信区间。表 2 显示,变革型领导显著负向影响下属离职倾向(M2:$\beta = -0.29$,$p < 0.01$),假设 1 得到支持。此外,变革型领导与组织公民行为显著正相关(M1:$\beta = 0.63$,$p < 0.01$);在控制变革型领导和其他变量后,组织公民行为与离职倾向显著负相关(M2:$\beta = -0.43$,$p < 0.01$),说明组织公民行为的中介作用成立,假设 H2 得到支持。另外,分析结果显示变革型领导通过组织公民行为对离职倾向的间接效应显著(间接效应值为 −0.27;CI 为 [−0.36,−0.19],不包含 0),假设 H2 得到进一步支持。

表 2 组织公民行为的中介作用检验

变量	M1（组织公民行为）		M2（离职倾向）	
	β	SE	β	SE
性别	−0.01	0.03	−0.02	0.04
年龄	−0.00	0.00	−0.01	0.01
受教育水平	−0.01	0.02	−0.02	0.03
任职年限	0.01	0.01	−0.01	0.01
变革型领导	0.63**	0.04	−0.29**	0.06
组织公民行为			−0.43**	0.06
R2	39.34%		27.62%	
F	66.67		32.63	

注：$N = 520$；* 表示 $p < 0.05$，** 表示 $p < 0.01$。

四 结论与讨论

研究结果表明，上司所表现的变革型领导行为越强烈，员工的离职倾向水平越低；组织公民行为在变革型领导与下属离职倾向之间起到中介作用，也就是说变革型领导不仅会直接影响下属离职倾向，还会通过组织公民行为来实现对下属离职倾向的影响。总体而言，这些研究发现具有重要的理论意义与实践意义。

首先，本研究积极响应核心学者深化变革型领导影响机制的研究指导，通过整合社会交换理论与离职研究的行为视角，引入行为视角下的组织公民行为分析了变革型领导对下属离职倾向的作用关系，并对离职原因的影响作用进行了验证。其次，本文的研究结论对管理实践也具有一定的指导作用：一是在日常管理中主管可以表现出优秀的领导魅力和高尚的道德品质，来提高员工对自身的认同和对组织的信任，增加员工的组织支持感，来满足员工的工作成就和个人成长诉求，从而保证有价值的员工能够长期稳定地为组织贡献力量。二是管理者在管理活动中要经常与员工进行互动，努力维系员工与组织和自己建立的交换关系，通过表现出愿景激励等行为和特质来激发员工的组织公民行为。最后，管理者在为员工描绘未来愿景的同时，也应当多关注对员工情绪和工作动机的激励，或者通过自身的专业技能和较高的管理水平来感染员工，对员工提供一定的支持和关怀等，这些变革型领导行为都能有效增强下属的反馈水平和留任意愿。

　　本研究主要存在以下局限需要在今后的研究中加以改进。第一，文中仅仅考虑了行为视角下组织公民行为对员工离职倾向的影响，未能对这一作用机制的边界效应进行深入探究，所以，未来的研究可以选取富有代表性的情境因素来拓展既有的研究视角。第二，数据全部通过员工自评的方式获取，可能存在严重的同源方法偏差问题，但采用多数据来源的方法来收集数据不仅能降低同源方法偏差的影响，还能提高研究结果的可靠性。

参考文献

安管荣：《关于根据人的特征、工作特征及组织特征的离职管理方案研究》，博士学位论文，韩国仁荷大学，1992 年。

安宗石、李东振：《关于在中国市场国家形象效果的地区差异的研究》，《韩国国际经营研究》2007 年第 18 卷第 4 期。

白基福：《热门领导力》，首尔：创民出版社 2000 年版。

百度文库，《中国软件人才发展失衡》，https：//wenku. baidu. com/view/77f2f17b27284b73f24250e4. html，访问日期：2008 年 3 月 11 日。

车仁成：《关于社会福利设施从事员工的离职意向的研究》，博士学位论文，韩国大田大学，2012 年。

车勋相：《对亚洲、北美、欧洲 IT 专业人才的离职意向的比较研究》，《韩国信息技术学报》2013 年第 12 卷第 2 期。

朴荣泰：《基层政府负责人的领导力类型对公务员的组织承诺产生的影响：赋权参数为中心》，博士学位论文，韩国启明大学，2006 年。

崔仁凡、李明珍：《体育中心的文化特征对女性成员的组织满意度影响》，《韩国体育学会志》2000 年第 39 卷第 3 期。

崔勋：《员工个人特性对组织承诺与离职意愿的影响研究》，《南开管理评论》2003 年第 4 期。

高灿根：《关于基督教圣徒们的变革型、交易型领导的研究》，《韩国人际关系学报》1997 年第 2 卷第 1 期。

公文淑：《不同雇佣形式的组织承诺与离职意向的差异研究》，硕士学位论文，韩国诚信女子大学，2002 年。

韩仁燮：《地方公务员与地方公用企业员工的工作满意度比较》，《韩国社会与行政研究》2002 年第 12 卷第 4 期。

洪成宽：《关于领导力类型对工作满意度及组织承诺产生的影响研究》，博士学位论文，全北大学，2007 年。

黄吉周：《关于变革型领导对组织承诺与组织公民行为影响的研究》，硕士学位论文，韩国高丽大学，2007 年。

纪海岚：《关于交易型、变革型领导对组织成果的影响研究》，博士学位论文，韩国崇实大学，2011。

姜余珍、张志远：《人事公正性认识对组织公民行为的影响——以首尔市公务员的认识为中心》，《韩国社会和行政研究》2005 年第 16 卷第 2 期。

姜诸相：《合同工公务员的转正动力与组织承诺、组织公民行为及工作满意度的研究》，《韩国行政研究》2005 年第 14 卷第 3 期。

蒋建国：《清代广州对外开放过程中的消费文化探析》，《探求》2003 年第 5 期。

金秉骏：《巴蜀文化的地域差异及秦的郡县控制》，南京大学中韩文化交流中心、中文出版社 1999 年版。

金昌圭：《变革型领导对工作满意度与组织承诺的影响》，博士学位论文，韩国庆熙大学，2009 年。

金昌杰：《领导力理论与实践》，首尔：博文阁出版社 2003 年版。

金德尚：《变革型及交易型领导对组织公民行为的影响》，硕士学位论文，延世大学，2002 年。

金斗植：《关于领导力类型与劳动者的赋权、承诺、还有离职意向间的研究》，博士学位论文，京畿大学，1997 年。

金圭洙：《结构方程模型分析》，韩国出版社 2007 年版。

金豪均：《领导力对组织满意度、组织承诺、组织公民行为产生的效果：某地方自治团体的案例》，韩国行政学会：《秋季学术会议论文集（上）》2007 年第 10 期。

金豪均：《组织公正性认识、组织信任、组织公民行为间的影响关系分析》，《韩国行政学报》2007 年第 41 卷第 2 期。

金浩政：《信任与组织承诺》，《韩国行政学报》1999 年第 33 卷第 2 期。

金洪泰：《中国 IT 产业的兴起与影响》，KB 金融控股经营研究所，2013

年，第 13—124 号。

金基泰、赵贞贞、李荣珍：《关于领导力、组织承诺、离职意向关系的研究——中国山东省商业银行工作人员为对象》，《韩中社会科学研究》2013 年第 26 卷第 1 期。

金玲：《中国 IT 企业的人才引进措施》，KOTRA 北京贸易馆，2011 年。

金荣焕：《在警察组织中上司的领导力对警察公务员的组织公民行为产生的影响——以团队凝聚力的参数为中心》，《韩国地方政府研究》2004 年第 8 卷第 1 期。

金秀妍：《酒店领导力的组织有效性研究》，硕士学位论文，韩国京畿大学，2010 年。

金英子：《老人疗养保护员的职业压力与组织有效性的关系中自我效能的调整效果》，博士学位论文，朝鲜大学，2008 年。

金勇俊、洪俊亨：《中国城镇人口的文化记忆与消费文化的区域性》，《中国学研究》2006 年第 36 期。

金宇成：《体育女性成员的性别角色认同与组织满意度的关系》，生活体育研究所论文集，2001 年。

金再峰：《对影响组织公民行为因素的研究》，《韩国产业经济研究》2000 年第 13 卷第 1 期。

金在亨：《关于变革型领导对组织公民行为的影响研究》，硕士学位论文，首尔大学，2000 年。

李成润：《老人福利社社会福利员的工作满意度与离职意向间的相关关系研究》，博士学位论文，韩国檀国大学，2002 年。

李道华、魏效外、李宗法、朴恩哲：《命令型领导与结果变量之间的关系上权利差距的调整效果——韩国与中国劳动者的比较研究》，《人力资源管理研究》2011 年第 18 卷第 4 期。

李德劳：《关于工作满意度和离职意向的关系研究》，《韩国人力资源管理研究》2006 年第 13 卷第 1 期。

李相弼：《适用年薪制的薪酬公平性及工作满意度差异研究》，硕士学位论文，韩国诚信女子大学，2003 年。

李勇圭、郑锡焕：《对公务员的工作价值观对工作满意度和组织承诺产生的影响的实证分析》，《行政汇总》2005 年第 43 卷第 1 期。

李总根：《关于高尔夫教练的职业承诺决定因素与结果因素的研究》，博士学位论文，檀国大学，2002 年。

林昌熙：《对领导力影响力的下属倾向的差异性调整效果》，《经营研究》2005 年第 30 期。

刘炳坤：《组织结构和组织文化对变革型、交易型领导与组织有效性关系产生的组织效果与研究》，博士学位论文，韩国檀国大学，2011 年。

刘汉东：《海上丝绸之路与中西文化交流的关系、中西文化交流与岭南社会变迁》，韩国社会科学出版社 2006 年版。

刘正兰：《关于工作排外性对组织残留的影响研究》，硕士学位论文，韩国釜山大学，2005 年。

刘宗海：《现代组织管理》，首尔：朴英出版社 2000 年版。

陆宗术：《对体育中心组织成员的组织承诺的原因及结果变量的实证分析》，《韩国社会体育学杂志》2002 年第 18 期。

罗新安：《温州文化是温州民营经济发展的原动力》，《江苏经济》2002 年第 11 期。

吕仁吉：《领导力类型对组织成果的影响》，博士学位论文，韩国庆熙大学，2004 年。

南基一：《关于职业足球教练的领导力类型对组织有效性决定因素的研究》，博士学位论文，韩国庆熙大学，2009 年。

权亨燮：《关于变革型领导对成员的赋权和组织承诺的影响研究》，博士学位论文，韩国济州大学，2007 年。

权焕镇：《关于组织文化类型对组织有效性的影响研究》，博士学位论文，东新大学，2011 年。

全灿烈：《关于中小企业与大企业劳动者的离职倾向的对比研究》，《韩国生产性论文集》1996 年第 10 卷第 2 期。

全景哲：《餐饮产业管理人员的领导力对组织有效性的影响》，博士学位论文，韩国京畿大学，2005 年。

全武景、李基恩：《风投企业最高经营者的变革型交易型领导对组织满意度的影响》，《韩国企业经营研究》2010 年第 17 卷第 3 期。

申贤浩：《领导的领导力与组织公平性、组织有效性、组织公民行为、服务成果间的关系》，博士学位论文，韩国岭南大学，2007 年。

申有根：《组织行为论》，首尔：多山出版社 1991 年版。

沈佳：《精通中国地域文化可以百战百胜》，《LG 周刊经济》2006 年 10
月 4 日。

吴世镇、林荣植、梁炳华：《组织满意度测评模型验证研究：以工厂工人
的满意度因素为中心》，《韩国心理学会志：产业及组织》1996 年第 9
卷第 1 期。

吴太沅：《变革型领导、交易型领导及领导与下属联系对组织公民行为的
影响：组织支援认知与组织定义的媒介作用》，博士学位论文，庆南大
学，2004 年。

吴志荣：《老人医疗福利设施劳动者的离职意向决定因素》，博士学位论
文，韩国延世大学，2008 年。

《上海市民说普通话因人而异》，新浪新闻中心，http：//news. sina.
com. cn/c/2006—09—19/013510049879s. shtml，2006 年 09 月 19 日，访
问日期：2015 年 3 月 15 日。

徐文桥、崔明哲：《中国领导力的新典范：超级领导力对员工的赋权与组
织承诺产生的影响》，《现代中国研究》2012 年第 14 卷第 1 期。

薛振华、李宰贤：《社会福利员的奖励认识与离职意向的关系：光州广域
市和全罗南道地区的社会福利机构为中心》，《韩国社会福利调查研究》
2010 年第 25 期。

叶仁荪、王玉芹、林泽炎：《工作满意度、组织承诺对国企员工离职影响
的实证研究》，《管理世界》2005 年第 3 期。

尹荣彩、李光顺：《对组织公民行为的先行因素与成果评价的影响》，《韩
国行政论文集》2009 年第 47 卷第 1 期。

尹贤哲、李道华：《变革型领导对非正式营业员工的组织公民行为及成果
的影响》，《人文社会论文集》2003 年第 14 卷第 1 期。

禹锡锋：《关于酒店员工的组织公民行为和先行因素及工作成果间的关系
研究》，《韩国观光休闲研究》2001 年第 31 卷第 2 期。

元泰然、郑成员：《统计调查分析》，《韩国 SPSS 学报》2001 年第 2 期。

张泰允、朴灿植：《关于领导力类型对组织结构与成果产生的影响研究》，
《人力资源管理研究》2001 年第 3 期。

赵西萍、刘玲、张长征：《员工离职倾向影响因素的多变量分析》，《中国

软科学》2003 年第 3 期。

赵先熙、朴贤植:《疗养保护员的职业压力因素对离职意向的影响:组织承诺与工作满意度的媒介效果为中心》,《韩国老年学》2012 年第 32 卷第 1 期。

郑炳在:《关于奖励的认知对工作满意度与离职意向的影响研究》,《HRD 研究 2002 年》第 4 卷第 2 期。

郑仁甲:《上海的近代城市化与空间结构的变化、中国历史城市结构与社会变化》,首尔大学东亚文化研究所,2003 年。

郑秀珍:《组织行为论》,首尔:森禹出版社 1998 年版。

郑忠荣:《为什么是仆人式领导力:以耶稣的领导力为中心》,《理性经营研究》2006 年第 4 卷第 2 期。

朱贤植、尹承贤、金华景:《会展中心员工的工作特征对组织承诺、工作满意度、组织公民行为的影响》,《观光研究》2007 年第 21 卷第 4 期。

朱宗德:《领导力类型与员工的关系特征对组织成果的影响》,博士学位论文,大邱加图立大学,2003 年。

Alexanderman, S. and Ruderman, M., "The Role of Procedural and Distributive Justice in Organizational Behavior", *Social Justice Research*, Vol. 1, No. 2, 1987.

Allen, N. J. & Meyer, J. P., "The Measurement and Antecedents of Affective, Continuance, and Normative Commitment to the Organization", *Journal of occupational Psychology*, No. 63, 1990.

Allen, N. J. & Meyer, J. P., "The Measurement and Antecedents of Affective, Continuance, and Normative Commitment to the Organization", *Journal of Occupational Psychology*, No. 63, 1990.

Aranya, N., Kushnir, T., and Valency, A., "Organizational Commitment in a Male – dominated Profession", *Human Relation*, No. 39, 1986.

Babakus, E., Cravens, D., Johnston, M., Moncrief, W., "The Role of Emotional Exhaustion in Sales Force Attitude and Behavior Relationships", *Journal of Academy Marketing Science*, No. 27, 1999.

Bass, B. M., "From Transactional to Transformational Leadership Learning to Share the Vision", *Organizational Dynamics*, Vol. 18, No. 3, Winter 1990.

Bass, B. M. , *Leadership and Performance beyond Expectation*, NY: The Free Press, 1985.

Bass, B. M. & Avolio, B. , *Multi – factor Leadership Questionaire*, 2nd ed. , NY: Binghamton University, 2000.

Bass, B. M. & Avolio, B. J. , "The Implications of Transactional and Transformational Leadership for Individual, Team and Organizational Development", In W. Pasmore and R. Woodman (eds), *Research in Organizational Change and Development*, Vol. 4, Greenwich, CT. : JAI Press, 1990.

Bateman, T. S. & Organ, D. W. , "Job Satisfaction and the Good Soldier: the Relationship between Affect and Employee Citizenship", *Academy of Management Journal*, No. 26, 1983.

Baundura, A. & Wood, R. , "Effect of Perceived Controll Ability and Performance Standards on Self – regulation of Complex Decision Making", *Journal of Personality and Social Psychology*, No. 41, 1989.

Becker, T. E. , "Foci and Bases of Commitment: Are They Distinctions Worth Making?", *Academy of Management Journal*, No. 32, 1992.

Becker, T. E. & Kernan, M. C. , "Matching Commitment to Supervisors and Organizations to In – Role and Extra – Role Performance", *Human Performance*, Vol. 16, No. 4, 2003.

Bedeian, A. G. , Kemery, E. R. & Pizzolatto, A. B. , "Career Commitment and Expected Utility of Present Job as Predictors of Turnover Intentions and Turnover Behavior", *Journal of Vocational Behavior*, Vol. 39, 1991.

Bogler, R. , "The Influence of Leadership Style on Teacher Job Satisfaction", *Educational Administration Quarterly*, Vol. 37, No. 5, 2001.

Borman, W. C. , "The Concept of Organizational Citizenship", *Current Directions in Psychological Science*, Vol. 13, No. 6, 2004.

Borman, W. C. , Penner, L. A. , Allen, T. D. & Motowidlo, S. J. , "Personality Predictors of Citizenship Performance", *International Journal of Selection and Assessment*, Vol. 9, No. 1, 2001.

Buchanan, B. , "Building Organizational Commitment: The Socialization of Manager in Work Organization", *Administrative science Quarterly*, Vol. 19,

No. 4, 1974.

Bycio, P., Hackett, R. D. & Allen, J. S., "Further Assessment of Bass's (1985) Conceptualization of Transactional and Transformational Leadership", *Journal of Applied Psychology*, Vol. 80, No. 4, 1995.

Carson, K. D. & Bedeian, A. G., "Career Commitment: Construction of a Measurement and Examination of It's Psychometric Properties", *Journal of Vocational Behavior*, Vol. 44, 1994.

Chen, C. C. & Chiu, S. F., "The Mediating Role of Job Involvement in the Relationship Between Job Characteristics and Organizational citizenship Behavior", *The Journal of Social Psychology*, Vol. 149, 2009.

Conger, D. L. & R. N. Kanungo, "Toward a Behavioral Theory of Charismatic Leadership in Organizational Setting", *Academy of Management Review*, Vol. 12, No. 4, 1987.

Conger, J. A., *The Charismatic Leader: Behind the Mystique of Exceptional Leadership*, San Francisco, CA: Jossey – Bass, 1989.

Crede, M., Chernyshenko, O. S., Stark, S., Dalal, R. S. & Bashshur, M., "Job Satisfaction as a Mediator: An Assessment of Job Satisfaction's Position within the Nomological Network", *Journal of Occupational and Organizational Psychology*, No. 80, 2007.

Cui, G. and Liu, Q., "Regional Market Segments in a Traditional Economy: A Study of Urban Consumers in China", *Journal of International Marketing*, Vol. 11, No. 2, 2000.

Dansereau, F., Graen, G. B. & Haga, W., "A Vertical Dyad Linkage Approach to Leadership in Formal Organizations", *Organizational Behavior and Human Performance*, No. 13, 1975.

Deluga, R. J., "Relationship of Transformative and Transactional Leadership with Employee Influencing Strategies", *Group and Organization Studies*, 1988.

Dunham, R. B., Grude, J. A., and Castaneda, M. B., "Organizational Commitment: The Utility of an Integrative Definition", *Journal of Applied Psychology*, Vol. 79, No. 3, 1994.

Fisher, C. D., "Mood and Emotions While Working: Missing Pieces of Job

Satisfaction?", *Journal of Organizational Behavior*, Vol. 21, No. 2, 2000.

Folger, R. & Konovsky, M. A., "Effects of Procedural and Distributive Justice on Reactions to Pay Raise Decisions", *Academy of Management Journal*, No. 32, 1989.

Fryxell, G. E. & M. E. Gordon, "Workplace Justice and Job Satisfaction as Predictors of Satisfaction with Union and Management", *Academy of Management Journal*, No. 32, 1989.

Gefen, D., D. Straub and M. Boudreau, "Structural Equation Modeling and Regression: Guidelines for Research Practice", *Communications of the Association for Information Systems*, Vol. 4, No. 7, 2001.

Graham, J. W., *Organizational Citizenship Behavior: Construct, Redefinition Operationalization, and Validation*, ILL: Chicago: Loyola University of Chicago, 1989.

Greenberg, J., "Looking Fair vs. Being Fair: Managing Impression of Organizational Justice", In B. M. Staw and L. L. Cummings (eds.), *Research in Organization Behavior*, Vol. 12, Greenwich, CT: JAI Press, 1990.

Hater, J. J. & Bass, B. M., "Superior's Evaluations and Subordinates's Perceptions of Transformational and Transactional Leadership", *Journal of Applied Psychology*, No. 73, 1988.

House, R. J., "A 1976 Theory of Charismatic Leadership", in Hunt, J. G. & Larson, L. L. (eds.), *Leadership: The Cutting Edge*, Carbondale: Southern Illinois University Press, 1977.

House, R. J. and B. Shamir, "Toward the Integration of Transformational, Charismatic, and Visionary Theories", in Chermers, M. and Ayman, R. eds., *Leadership Theory and Research Perspectives and Directions*, Orlando, FL: Academic Press, 1993.

Howell, J. M. & Avolio, B. J., "The Ethics of Charismatic Leadership: Submission or Liberation", *Academy of Management Executive*, Vol. 6, No. 2, 1992.

Howell, J. M. & Avolio. B. J., "Transformational Leadership, Transactional Leadership, Locus of Control, And Support for Innovation: Key Predictors of Consolidated – business – unit Performance", *Journal of Applied Psychol-*

ogy, No. 78, 1993.

Hrebiniak, L. G. & Alluto, J. A. , "Personnel and Role Related Factors in the Development of Organizational Commitment", *Administrative Science Quarterly*, No. 17, 1972.

Jaros, S. J. , Jermier, J. M. , Koehier, J. W. and Sincich, T. , "Effects of Continuance, Affective, and Moral Commitment on the Withdrawal Process: An Evaluation of Eight Structural Equation Models", *Academy of Management Journal*, Vol. 36, No. 5, 1993.

Joreskog, K. G. and D. Sörbom, "Model Search with TERRAD II and LISREL", *Sociological Methods and Research*, Vol. 19, No. 1, 1989.

Kanter, R. M. , "Commitment and Socialization", *American Socialization Review*, No. 33, 1968.

Katerberg, R. & Horn, P. W. , "Effects of Within – Group and Between Groups Variation in Leadership", *Journal of Applied Psychology*, No. 66, 1981.

Katz, D. , "The Motivational Basis of Organizational Behavior", *Behavioral Science*, Vol. 9, No. 2, 1967.

Koh, W. L. , Steers, R. M. & Berborg, J. R. , "The Effects of Transformational Leadership on Teacher Attitudes & Student Performance in Singapore", *Journal of Organizational Behavior*, No. 16, 1995.

Kuhnert, K. W. & Lewis, P. , "Transactional and Transformational Leadership: Constructive Developmental Analysis", *Academy of Management Review*, No. 12, 1987.

Lapierre, L. M. , & Hackett, R. D. , "Trait Conscientiousness, Leader – member Exchange, Job Satisfaction and Organizational Citizenship behaviour: A Test of an Integrative Model", *Journal of Occupational and Organizational Psychology*, No. 80, 2007.

Lapierre, L. M. , "Supervisor Trustworthiness and Subordinates' Willingness to Provide Extra – role Efforts", *Journal of Applied Social Psychology*, No. 37, 2007.

Lee, T. W. , Ashford, S. J. , Walsh, J. P. , & Mowday, R. T. , "Commitment Propensity, Organizational Commitment, and Voluntary Turnover: A Longitudinal Study of Organizational Entry Processes", *Journal of Management*, No. 18, 1992.

Lee, T. W. , Mitchell, T. R. , Sablynski, C. J. , Burton, J. P. , & Holtom, B. C. , "The Effects of Job Embededness on Organizational Citizenship, Job Performance, Volitional Absences, and Voluntary", *Academy of Management Journal*, Vol. 47, No. 5, 2004.

Locke, E. A. & Heene, D. , *Work Motivation Theories*, London: Willey, 1986.

Lowe, K. B. Kroeck, K. G. , & Sivasubramaniam, N. , "Effectiveness Correlates of Transformation and Transactional Leadership: A Meta – Analytic Review of the MLQ literature", *Leadership Quarterly*, No. 7, 1996.

Luthans, F. , *Organization Behavior*, 3rd ed. , New York: McGraw – Hill Book Co. , 1998.

Lyman, W. P. , "The Etiology of Organizational Commitment: A Longitudinal Study of InitialStages ofEmployee – Organization Relationship", *AdministrativeScienceQuarterly*, No. 19, 1974.

M. A. , X. and Tong, T. W. and Fitza, M. , "How Much does Subnational Region Matter to Foreign Subsidiary Performance? Evidence from Fortune Global 500 Corporations' Investment in China", *Journal of International Business Studies*, Vol. 44, No. 1, 2012.

Mackenzie, S. B. , Podsakoff, P. M. & Fetter, R. , "Organizational Citizenship Behavior and Objective Productivity as Determinants of Managerial Evaluations of Salesperson's Performance", *Organizational Behavior and Human Decision Processes*, No. 50, 1991.

Magni. M. , and Sysmon, Y. , "A Better Approach to China's Markets", *Havard Business Review*, 2010.

March, J. G. & H. A. Simon, Organization, N. Y. : John Willy & Sons, 1967.

Mathieu, J. & Zajac, D. A. , "Review and Meta – analysis of the Antecedents, Correlates, and Consequences of Organizational Commitment", *Psychological Bulletin*, Vol. 108, 1990.

Mathieu, J. & Zajac, D. A. , "Review and Meta – analysis of the Antecedents, Correlates, and Consequences of Organizational Commitment", *Psychological Bulletin*, No. 108, 1990.

McCormick, J. E. & Tiffin, *Industrial Psychology*, Englewood Cliffs: McGraw – Hill, 1974.

Mcfarlin, D. B. & Sweeney, P. D. , "Distributive and Procedural Justice As Predictors of Satisfaction With Personal and Organizational Outcomes", *Academy of Management Journal*, Vol. 35, No. 3, 1992.

Mcfarlin, D. B. & Sweeney, P. D. , "Distributive and Procedural Justice As Predictors of Satisfaction With Personal and Organizational Outcomes", *Academy of Management Journal*, Vol. 35, No. 3, 1992.

Meyer, J. P. & Allen, N. J. , "A Three Component Conceptualization of Organizational Commitment", *Human Resource Management Review*, Vol. 1, No. 1, 1991.

Meyer, J. P. , Stanley, D. J. , Herscovitch, L. , & Topolnytsky, L. , "Affective, Continuance, And Normative Commitment to the Organization: A meta – analysis of Antecedents, Correlates And Consequences", *Journal of Vocational Behavior*, No. 61, 2002.

Mobley, W. H. , Employee Turnover: *Causes, Consequences, and Control, Reading*, MA: Addison – Wesley, 1982.

Moorman, R. H. , "Relationship between Organizational Justice and Organizational Citizenship Behaviors: Do Fairness Perceptions Influence Employee Citizenship", *Journal of Applied Psychology*, No. 76, 1991.

Morrow, P. C. , "Concept Redundancy in Organizational Research: The Case of Work Commitment", *Academy of Management Review*, Vol. 8, No. 1, 1983.

Motowidlo, S. J. , "Some Basic Issues Related to Contextual Performance and Organizational Citzenship Behavior in Human Resource Management", *Human Resource Management Review*, Vol. 10, No. 1, 2000.

Mowday, R. T. , L. W. Porter, and R. M. Steers, *Employee Organization Linkages: The Psychology of Commitment Absenteeism, and Turnover*, New York, Academic Press, 1982.

Nguni, S., Sleegers, P., and Denessen, E., "Transformational and Transactional Leadership Effects on Teachers' Job Satisfaction, Organizational Commitment, and Organizational Citizenship Behavior in Primary Schools: The Tanzanian Case", *School Effectiveness and School Improvement*, Vol. 17, No. 2, 2006.

Niehoff, B. P. & Moorman, R. H., "Justice as a Mediator of the Relationship between Monitoring and Organizational Citizenship Behavior", *Academy of Management Journal*, No. 36, 1993.

Northouse, P. G., *Leadership: Theory and Practice*, 4th ed., London: Publication of Thousand Oaks, 2007.

Organ, D. W., *Organizational Citizenship Behavior: The "Good Soldier" Syndrome*, Lexington, MA: Lexington Book, 1988.

Paille, P., "Assessing Organizational Citizenship Behavior in the French Context: Evidence for the Four – Dimensional Model", *The Journal of Psychology*, Vol. 143, No. 2, 2009.

Podsakoff, P. M., MacKenzie, S. B., Moorman, R. H. & Fetter, R., "Transformational Leader Behaviors and Their Effects on Followers' Trust in leader, Satisfaction, and Organizational Citizenship Behaviors", *Leadership Quarterly*, No. 1, 1990.

Podsakoff, P. M., MacKenzie, S. B., & Bommer, W. H., "Transformational Leader Behaviors and Substitutes for Leadership as Determinants of Employee Satisfaction, Commitment, Trust and Organizational Citizenship Behaviors", *Journal of Management*, No. 22, 1996.

Podsakoff, P. M., MacKenzie, S. B., Paine, J. B., and Bachrach, D. G., "Organizational Citizenship Behaviors: A Critical Review of the Theoretical and Empirical Literature and Suggestions for Future Research", *Journal of Management*, No. 26, 2000.

Podsakoff, P. M., Niehoff, B. P., Mackenzie, S. B. & Williams, M. L., "Do Substitutes for Leadership Really Substitute Leadership? An Examination of Kerr and Jemier's Situational Leadership Model", *Organizational Behavior and Human Decision Processes*, No. 54, 1993.

Podsakoff, Todor, W. D. , Grover, R. A. & Huber, V. L. , "Stiuational Moderators of Leader Reward and Punishment Behavior: Fact of Fiction", *Organizational Behavior and Human Performance*, No. 34, 1984.

Porter, L. W. , R. M. Steers, R. T. Mowday, & P. V. Boulian, "Organizational Commitment, Job Satisfaction and Turnover among Psychiatric Technicians", *Journal of Applied Psychology*, 1974.

Porter, L. , Lawler, E. & Hackman, J. R. , *Behavior in Organization*, New York: Mcgraw – Hill, 1975.

Price, J. L. & Mueller, C. W. , *Handbook of Organizational Measurement*, Massachusetts: Pitman Publishing, 1986.

Price, J. L. , *The Study of Turnover*, Ames: Iowa State University Press, 1977.

Price, J. L. & C. W. Mueller, *Professional Turnover: The Case of Nurses*, New York: SP Medical and Scientific Books, 1981.

Purvanova, R. K. , Bono, J. E. , & Dzieweczynski, J. , "Transformational Leadership, Job Characteristics, and Organizational Citizenship Performance", *Human Performance*, Vol. 19, No. 1, 2006.

Saal, F. E. & Knight, P. A. , Industrial/Organizational Psychology, Science and Practice, 2nd edition, Brooks/Cole Publishing Company, Pacific Grove, California, 1995.

Schnake, M. , "Organizational Citizenship: A Review, Proposed Model, and Research Agenda", *Human Relations*, No. 44, 1991.

Schnake, M. E. & Dumler, M. P. , "Levels of Measurement and Analysis Issues in Organizational Citizenship Behaviour Research", *Journal of Occupational and Organizational Psychology*, No, 76, 2003.

Shamir, B. , House, R. J. & Arthur, M. B. , "The Motivational Effects of Charismatic Leadership: A Self – concept based Theory", *Organization Science*, Vol. 4, No. 4, 1993.

Sheldon, M. E. , "Investment and Involvement as Mechanism Producing Commitment to the Organization", *Administrative Science Quarterly*, 1971.

Smith, C. A. , Organ, D. W. & Near, J. P. , "Organizational Citizenship Behavior: It's Nature and Antecedents", *Journal of Applied Psychology*,

No. 68, 1983.

Sosik, J. J., Avolio, B. J. & Kahai, S. S., "Effects of Leadership Style and Anonymity on Group Potency and Effective in a Group Decision Support System Environment", *Journal of Applied Psychology*, No. 82, 1997.

Steers, R. M, "Antecedents and Outcomes of Organizational Commitment", *Administrative Science Quarterly*, Vol. 22, No. 1, 1977.

Stinglhamber, F., & Vandenberghe, C., "Organizations and Supervisors as Sources of Support and Targets of Commitment: A Longitudinal Study", *Journal of Organizational Behavior*, Vol. 24, No. 3, 2003.

Summer, S. M., Bae, S. H. and Luthans, F., "Organizational Commitment Across Cultures: The Impact of Antecedents on Korean Employees", *Human Relations*, Vol. 49, No. 7, 1996.

Swanson, L. A., "The Tewelve Nations of China", *Journal of International Consumer Marketing*, Vol. 2, No. 1, 1989.

Tett, R. P. & Meyer, J. P., "Job Satisfaction Organizational Commitment, Turnover Intention, and Turnover: Path Analyses Based on Meta – Analytic Findings", *Personnel Psychology*, No. 46, 1993.

Thomas N. M. & John C. H., "The Multiplicative Interaction Effects of Job Involvement And Organizational Commitment on The Turnover Intentions of Full – and Part – time Employee", *Journal of Vocational Behavior*, Vol. 46, 1995.

Van Dyne, L. Graham, J. W. & Dienesch, R. M., "Organizational Citizenship Behavior: It's Nature and Antecedents", *Journal of Applied Psychology*, No. 68, 1994.

Van Dyne, L. Graham, J. W. & Dienesch, R. M., "Organizational Citizenship Behavior: It's Nature and Antecedents", *Journal of Applied Psychology*, No. 68, 1994.

Wasmuth, W. J., & Davis, S. W., "Managing Employee Turnover", *Cornell Hotel and Restaurant Quarterly*, Vol. 23, No. 4, 1983.

Wijayanto, B. R. & Kismono, G., "The Effect of Job Embededness on Organizational Citizenship Behavior—The Mediating of Sense of Responsibility", *Gadjah Mada International of Business*, Vol. 6, No. 3, 2004.

Williams, L. J. and Harzer, J. T. , "Antecedents and Consequences of Satisfaction and Commitment in Turnover Models: A Reanalysis Using Latent Variable Structural Equation Methods", *Journal of Applied Psychology*, No. 71, 1986.

Williams, L. J. , P. M. Podsakoff & V. Huber, *Determinants of Organizaional Citizenship Behaviors: A Structural Equation Analysis with Cross – Validation*, Bloomington, IN: Unpublished Manuscript, 1986.

Williams, S. , Pitre, R. & Zainuba, M. , "Justice and Organizational Citizenship Behavior Intentions: Fair Rewards Versus Fair Treament", *The Journal of Social Psychology*, Vol. 142, No. 1, 2002.

Yammarino, F. J. , Dubinsky, A. J. Comer, L. B. and Jolson, M. A. , "Woman and Transformation and Contingent Reward Leadership: A Multiple – level – of – analysis Perspective", *Academy of Management Review*, Vol. 40, No. 1, 1997.

Yammarino, F. J. & Bass, B. M. , "Transformational Leadership and Multiple Levels of Analysis", *Human Relations*, Vol. 43, No. 10, 1990.

Yukl, G. , *Leadership in Organizations*, NJ: Prentice Hall, 2003.

James, L. S. , S. A. Mulaik and J. M. Brett, *Causal Analysis: Assumptions, Models, and Data*, SAGE: Beverly Hills, CA, 1982.

Jaros, S. J. , Jermier, J. M. , Koehier, J. W. and Sincich, T. , "Effects of Continuance, Affective, and Moral Commitment on the with Drawal Process: An Evaluation of Eight Structural Equation Models", *Academy of Management Journal*, Vol. 36, No. 5, 1993.

Kanter, R. M. , "Commitment and Socialization", *American Socialization Review*, No. 33, 1968.

Smith, H. C. , *Psychology of Industrial Behavior*, NY: McGraw – Hill, 1955.

后　记

　　本书的写作是在本人博士毕业论文及后续相关文章的基础上进行的更深入的研究。近年来我努力将本书的主要内容有选择性地进行了后续的研究。可以说本书已经在一定程度上接受了相关领域专家的检验。

　　本书的写作过程同时也是我学习的过程。在此过程中，我大量地阅读了国内外领导风格、组织承诺、离职意向及相关研究领域诸多研究者的著述，特别是韩国的一些相关文献，并对这些文献进行了梳理、汇总和整理。由于这是一个学习的过程，因此，本书的理论表述与方法均大量撷取和借鉴了本领域诸多前辈、同行的研究成果。尽管本书以参考文献的形式列出了借鉴的著述，但因为写作过程漫长且资料纷杂，难免挂一漏万，有可能存在对有些重要著述引述不到位的情况，在此深表歉意。总之，我以学习者的名义，向本书所参考、引述或借鉴的所有文献的初始作者致以崇高的敬意！

　　我认为，IT企业的离职问题是当前迫切需要解决的问题。离职意向的分析要保持其鲜活的生命力，就需要以发展的眼光，自觉适应现代社会背景下管理工作的实际需要，不断调整、充实和完善其理论及方法。从这个意义上说，判断本书体系框架的完整性、适用性和科学性的唯一标准是，这些理论、意见和建议在实际管理工作中得到了接受和认可。为此，我愿意以最谦卑的心态，诚恳地接受时间、实践和同行的检验与评判。

　　在此，谨向关心本书写作和出版的有关领导、同事和朋友们致以衷心的谢意！特别是西北师范大学商学院院长张永丽教授，他不仅为本书的出版提供了机会，而且给予了我大量的指导、支持和帮助，谨致谢忱。

中国社会科学出版社的编辑老师们也为本书的出版付出了辛勤的努力，在此一并表示感谢！

李承晋

2019 年 11 月 13 日于西北师范大学